$5⁰⁰
DEP

91 8

OCHO MUNDOS

Themes for Reading Skills and Cultural Awareness

THIRD EDITION

OCHO MUNDOS

Themes for Reading Skills and Cultural Awareness

THIRD EDITION

BRENDA WEGMANN

HOLT, RINEHART AND WINSTON

New York   Chicago   San Francisco   Philadelphia   Montreal
Toronto   London   Sydney   Tokyo   Mexico City
Rio de Janeiro   Madrid

Acknowledgments for the reading selections, photographs, and
cartoons used in this book appear on page 201.

Library of Congress Cataloging-in-Publication Data

Main entry under title:

Ocho mundos.

   1. Spanish language — Readers.   I. Wegmann, Brenda, 1941 –.
PC4117.028   1986   468.6'421   85-27099

ISBN 0-03-001764-5

  7 8 9   016   9 8 7 6 5 4 3

Holt, Rinehart and Winston
The Dryden Press
Saunders College Publishing

«Cada cabeza es un mundo.»
(Spanish proverb)

ÍNDICE DE MATERIAS

PREFACE

The main purpose of the third edition of *OCHO MUNDOS* is twofold: to provide simple yet stimulating readings from Hispanic culture for beginning and early intermediate college students of Spanish and to teach general strategies for reading in a foreign language. The book, then, is as much concerned with developing techniques for enhancing comprehension as it is with presenting content. It is also intended to expand vocabulary and to build conversation and writing skills. *OCHO MUNDOS* is designed for use as a supplement to a grammar text in a year-long course or by itself in a semester course for students with some Spanish background who wish to develop reading and conversation skills.

NEW TO THE THIRD EDITION

The most important new feature in the third edition is an emphasis on developing strategies for improving reading comprehension. This has been added because teachers complain that even after reading many Spanish articles, most intermediate students persist in a painstaking word-by-word translation method, which eventually causes them to lose interest in the language. The beginning or early intermediate level, then, is the moment to teach reading skills, which often prove beneficial for the student in his or her native language as well.

Recent studies have shown that comprehension is higher when a reader first skims a selection to get a general idea of the contents. Also, new vocabulary is acquired faster and in a more lasting manner when the meaning of new words is guessed from context rather than being looked up in dictionaries, a process that interrupts the flow of ideas. While superior readers seem to perform these techniques instinctively, the majority need to learn them. Therefore, the selections in this book (other than the opening picture-essays) are preceded by two prereading exercises designed to teach these skills.

Anticipación de la lectura is the first of these prereading exercises. Besides giving practice in skimming, this section serves as a basis for "setting the stage" through informal discussion of what the class already knows and feels about the theme. *Adivinar el sentido de las palabras en contexto* and *Análisis de diferencias* are the two forms in which the second exercise may be presented. Both focus on the comprehension of selected parts of the reading and present information on differences in word formation, grammar, and sentence structure between the two languages. The prereading exercises may be done in class with the teacher at the moment that the reading is assigned, in small groups (later on in the course), or as homework assignments.

Exercises that follow the selections, usually called *Entrelíneas*, present other useful techniques, such as scanning or "reading between the lines" to identify point of view or to make inferences about what has been stated directly.

The *Repaso* at the end of each chapter is another new feature. This section includes a *Traducción en contexto*—translation of key words, idioms, and structures from the chapter—as well as some oral activities to encourage open-ended discussion. It is more a point of departure than a strict review, and with some preparation (such as a supplementary vocabulary list on the blackboard), it can be used even when only two of the three selections have been studied. The "translation in context" aims at developing accuracy; the oral activities, fluency. A common complaint is that students do well with conversational readers but later do not retain the structures they have learned inductively. The purpose of the translation is to bring these explicitly into the student's consciousness. It is also good to work sometimes at developing communication skills in a free atmosphere, and so each chapter ends with discussion. *Interrelaciones,* an interactive exercise, finishes half the chapters. This exercise forces students to talk with each other in Spanish for a brief time and provides the context for practicing the *tú* forms.

Regarding materials, eight out of the twenty-four selections are new, including one entirely new chapter—Chapter 4, *El mundo de los refugiados.* This topic was added because of its growing importance and also because its everyday vocabulary is more useful for students at this level than the rather specialized terms implied by the former topic, sports. An overview of political tendencies in Latin America has been included in Chapter 5 because of current interest in this topic.

FORMAT

Modern research shows that two of the most effective aids in the learning of vocabulary are context and repetition. These two requisites provide a rationale for the division of this book into eight chapters, eight different "worlds," each one providing a theme for the reinforcement and active use of many key words.

The format has been designed for flexibility. Each chapter contains three selections so that the instructor may decide to use one, two, or all three, depending on the interest of the students in the chapter topic, the amount of work needed in the tense being introduced, the limitations of time, or personal preference. However, the advantage of taking more than one of the selections in each chapter is that the class will then have the opportunity to use some of the new vocabulary over a period of several days.

CORRELATION OF CHAPTERS WITH VERB TENSES

Because the verb system is the most difficult aspect of Spanish, the chapters of *OCHO MUNDOS* are organized around the step-by-step introduction of the verb tenses. The first two chapters use only the present tense; the third present and preterite; the fourth present, preterite, and imperfect; and so on.

A glance at the Table of Contents will show which tenses are presented in each article. The last two chapters are devoted to the subjunctive, since these tenses are a difficult but essential part of a reading mastery of Spanish, and it is often hard to find appropriate elementary readings illustrating their uses. Chapters 7 and 8 introduce the subjunctive in two different ways, so the instructor may choose either one or use both. These last two chapters also serve as a review of all tenses. The book can be easily adapted to courses which only go through the present subjunctive by using the first two readings of Chapter 7 and the first reading of Chapter 8.

VOCABULARY AND GRAMMAR NOTES

Most reading selections are accompanied by a *Nota de vocabulario* or a *Nota de gramática* designed to serve both an immediate and a long-range function. These notes present information on difficult words or constructions occurring in the article; they then use these examples to point out a general rule of Spanish word formation or grammar as an aid to the student in future reading. The grammar notes are not intended to teach grammar points, but rather to serve as a brief review or preview of what is taught in the first year through other means. All grammar and vocabulary notes are optional.

MATERIALS

The eight themes chosen for chapter headings are broad topics of human interest that do not depend greatly on current events or fads and therefore are not likely to be soon outmoded: the family, student life, the fiesta, refugees, mystery, the future, travel, and communication. Every chapter begins with an easy, illustrated introductory piece. Two other selections follow, usually shortened or slightly adapted articles from Hispanic books or magazines.

THE PLACE OF ENGLISH IN A BEGINNING SPANISH READER

English has an important though limited explanatory function in this reader. In the first half, the directions for exercises are in English. The student's attention span in a foreign language grows with his or her exposure to that language. Part of the class period should, from the beginning, be taught in Spanish (probably increasing to the entire period by the end of the year); for this reason, every exercise has a Spanish heading so that instructor and class may refer to it in Spanish. In the second half of the book, the directions are given in Spanish; by that time, the students are familiar with the types of exercises and have a larger vocabulary and some idea of command forms, so they have little trouble understanding directions in Spanish.

Throughout the entire book, the text of the *Notas de vocabulario* and *Notas de gramática* accompanying the reading selections is in English. While much of learning a language is simply listening, seeing, and imitating, some of it is understanding. For example, it can be helpful to learn that the Spanish ending *-dad* usually corresponds to the English ending *-ty*, yet the beginning student who reads this explanation in Spanish might miss the essential point.

Finally, though many of the marginal glosses are in Spanish, I have frequently chosen to use English rather than omit useful words that cannot be explained in simple Spanish. Spanish words used in the articles and exercises are included in the Spanish-English vocabulary at the end of the book.

ACKNOWLEDGMENTS

Special thanks go to Llanca Letelier Montenegro, Naldo Lombardi, Alfonso Rodríguez Pizarro, and Ricardo Moro Vidal for their helpful suggestions; to Gina Sidhu of the Language Laboratory and Beverly Cormack and the staff at the Rutherford and Cameron Libraries of the University of Alberta for their excellent aid in obtaining materials for this edition; and to Nicki Spencer for her careful assistance in the preparation of the end vocabulary. I would also like to express my gratitude for the corrections and helpful criticisms of several teachers: Mary Ellen Kiddle of Simmons College, Ana Alomá Velilla of Regis College, Teresa Méndez-Faith of Saint Anselm College, Jim Algeo of the University of Alberta, Robert Modee of Northeastern University, Frank Strell of La Salle – Peru Township High School, Madelene Huebner of Fairleigh Dickinson University, Irma Perlman and Carlos Domínguez of the University of Wisconsin, Barry Velleman of Marquette University, Coleman Jeffers of the University of Iowa, and Donna Gustafson of San Jose State University. Finally, I want to thank Vince Duggan and Janet Field of Holt, Rinehart and Winston for their careful and creative editing and my husband, Tom, for his understanding and inspiration.

Brenda Dominski Wegmann

TO THE STUDENT

SOME TIPS ON READING AND EXPRESSING YOURSELF IN SPANISH

1. Improve your reading comprehension by using the techniques that modern research has shown to be effective. Three of these are **skimming, scanning,** and **making inferences.**

   Skimming means reading a selection through quickly for the main ideas without looking up words or stopping to figure out difficult parts. This should take only a couple of minutes and should be done first, before you begin your real reading. The prereading exercise called *Anticipación de la lectura* usually focuses on this skill by presenting guide questions. Because skimming takes such a small amount of time, it is easy to dismiss it as trivial, but studies have shown that readers who skim materials first comprehend better than those who don't.

   Scanning means reading quickly to find out specific items of information. It is similar to skimming in that it requires you to move your eyes rapidly over the selection. In this case, however, you are not trying for even a basic level of understanding but simply attempting to locate data. Scanning is a useful skill for review and is practiced throughout the book in exercises such as the *Detective de palabras.*

   Making inferences means understanding what is implied or inferred but not directly stated. We often refer to this skill as "reading between the lines." The exercises called *Entrelíneas* focus on this skill.

2. Guess at the meaning of unknown words. English and Spanish have many cognates, mainly because of their common influence from Latin, so chances are your guesses will be right most of the time. Often you can figure out the meaning of a word just by skipping over it momentarily and reading on until you get the general idea, then returning to it with an idea of its context. Learning to guess word meanings with increasing precision is an important skill. The prereading exercise *Adivinar el sentido de las palabras en contexto* will help you develop it.

3. Pay attention to differences in structure between Spanish and English so that you become aware of general patterns. This method will help you comprehend better the next time you encounter those patterns. The prereading exercise *Análisis de diferencias* will point out many of such differences. Read consciously. Going through words mechanically is a waste of time.

4. When participating in class discussion or writing out exercises, use short, simple sentences. Don't try to translate sophisticated grammar directly into Spanish.

5. When speaking, don't get blocked by one unknown word or expression. Search for another way of saying it. For example, if you can't recall how to say "He is wrong," say "He is not right" **(No tiene razón)** or "I don't agree with him" **(No estoy de acuerdo con él).** If you don't know the word for "crowd," say "many people" **(mucha gente, muchas personas).**

6. Don't be afraid of making mistakes while speaking in class. The biggest mistake is not to speak.

Common Expressions Used in the Exercises

1. Según el autor (el artículo)...	*According to the author (article) . . .*
2. ¿Está usted de acuerdo?	*Do you agree? (Are you in agreement?)*
Sí, estoy de acuerdo.	*Yes, I agree.*
No, no estoy de acuerdo.	*No, I don't agree.*
3. ¿Qué le parece...?	*What do you think about . . . ? (literally, "What does . . . seem like to you?")*
A mí me parece que...	*It seems to me that . . .*
Yo creo que...	*I think (believe) that . . .*
4. ¿Tiene razón?	*Is he (she) right?*
5. Según su opinión...	*In your opinion . . .*

MARGINAL GLOSSES

Difficult words in the reading selections are followed by a small circle indicating that the word is explained in the margin in a brief Spanish or English gloss. If a whole phrase is glossed, the small circle follows the last word in the phrase and the marginal note begins with the first word followed by three dots. For example, the phrase **hacer todas las compras** is glossed like this:

Por computadora y por televisión se podrán también hacer todas las compras,° los pagos,...

> **hacer**... *do all the shopping*

Most of these words or phrases are also included in the end vocabulary at the back of the book, except for those that occur only once and are explained in English.

OCHO MUNDOS

Themes for Reading Skills and Cultural Awareness

THIRD EDITION

CAPÍTULO UNO
EL MUNDO DE LA FAMILIA

Present Tense

¿Familia nuclear o familia extensa?

Familia nuclear

Algunos creen que la familia ideal es la familia nuclear. Este tipo de familia es muy común en Estados Unidos. El esposo, la esposa y sus hijos viven solos en una casa o en un apartamento.

Familia extensa

Algunos creen que la familia ideal es la familia extensa. Este tipo de familia es muy común en Hispanoamérica. El esposo, la esposa y sus hijos viven con otros parientes (generalmente los abuelos) en una casa o en un apartamento.

Tres argumentos básicos a favor de la familia nuclear

1.

Un hombre y una mujer tienen derecho a llevar una vida independiente. En la familia nuclear tienen mucha oportunidad para conversar a solas cuando los niños están en la cama.

2.

La madre y el padre pueden criar* a los niños sin la interferencia constante de otras personas que tienen ideas diferentes. Los niños necesitan aprender un solo método de disciplina.

3.

La familia nuclear es el sistema más lógico. Las personas de diferentes generaciones no tienen los mismos intereses. Por eso hay menos conflictos cuando los abuelos viven en su propia casa o en una residencia para ancianos (personas viejas) y los hijos los visitan de vez en cuando.

*Nota de vocabulario

It is often best to try to grasp the main idea behind an expression in another language rather than attempting to translate it word for word. When speaking about bringing up children, the three-word English expression *to bring up* is translated as one Spanish word, **criar.** Sometimes equivalent expressions might contain only a small difference. For example, in English you say that someone depends *on* another person; in Spanish you say the preposition **de** *(of, from):* **depende de.** In English you say someone has *a (the)* right to something; in Spanish you omit the article: **tiene derecho a.**

Tres argumentos básicos a favor de la familia extensa

1.

Los esposos pueden salir mucho porque saben que los niños quedan en buenas manos. También, en la familia extensa los abuelos ayudan con el trabajo de la casa. Entonces, la esposa puede trabajar o participar en las actividades de la comunidad.

2.

Los niños no dependen totalmente de los padres. A veces pueden llevar sus problemas a otras personas. Los abuelos tienen la experiencia de una larga vida y los niños aprenden mucho de ellos.

3.

La familia extensa es el sistema más lógico. Los viejos necesitan a los jóvenes y los jóvenes también necesitan a los viejos. Todos están más contentos cuando viven con otros miembros de su familia. Es importante no perder el contacto entre las generaciones.

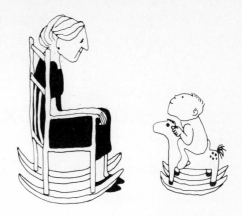

EL INDIVIDUALISMO EN LA FAMILIA HISPÁNICA

El individualismo es una característica muy importante en el mundo hispánico. En la familia este énfasis está ilustrado en el sistema de apellidos. La esposa no pierde su apellido de soltera después del matrimonio. Los hijos usan los dos apellidos: primero, el apellido de su papá y segundo, el apellido de su mamá. El resultado es que padre, madre e hijos tienen apellidos diferentes. ¡Viva el individualismo!

En norteamérica los padres hablan mucho de la necesidad de criar a los hijos con igualdad. Es importante tratar a todos de la misma manera. En España y en Hispanoamérica los padres (y abuelos y tíos) hablan más de la necesidad de conocer el carácter particular de los hijos. Cada niño y niña tiene aptitudes diferentes y tiene derecho a recibir un tratamiento individualista y especial.

EJERCICIOS

COMPRENSIÓN DE LA LECTURA

Más o menos

Fill in the appropriate word, **más** *(more)* or **menos** *(less, fewer)*.

1. El sistema de la familia nuclear es _____ común en Hispanoamérica que en Estados Unidos.
2. En una familia extensa hay _____ adultos que en una familia nuclear.
3. En una familia nuclear hay _____ oportunidad para conversar a solas.
4. Generalmente, en una familia nuclear la madre recibe _____ ayuda con el trabajo de la casa que en una familia extensa.
5. Los padres son _____ viejos que los abuelos.
6. En general, los padres hispanos dan _____ importancia a la idea de criar a los hijos con igualdad que los padres norteamericanos.

PREGUNTAS

1. ¿Qué es una familia nuclear?
2. ¿Qué es una familia extensa?
3. ¿Qué ventajas (puntos buenos) tiene la familia nuclear?
4. ¿Qué ventajas tiene la familia extensa?
5. ¿Cómo es la familia de usted?
6. Según su opinión, ¿cuál de los dos tipos de familia es mejor? ¿Por qué?
7. ¿Qué piensa usted de la costumbre que tienen las esposas latinas de usar su apellido de soltera?

OPINIONES

Choose one of the words in parentheses and complete each of the following sentences in Spanish.

1. Los niños están más contentos cuando viven en una familia (nuclear / extensa) porque _____.
2. Los esposos están más contentos cuando viven en una familia (nuclear / extensa) porque _____.
3. Los abuelos están más contentos cuando viven (en su propia casa / en una residencia para ancianos / en una familia extensa) porque _____.

¿QUÉ PASA EN LA FOTO?

Comment in Spanish on what is happening in each photo or what you feel about it.

1

2

3

COMPOSICIÓN

Quejas

Write out a possible complaint (**una queja**) that might be made by each of the following persons. Start out by identifying yourself. Then state that you are not happy and tell why.

1. La madre de una familia nuclear.
2. El padre de una familia extensa.
3. El hijo de una familia nuclear.
4. Una abuela que vive sola en su propio apartamento.

Modelo: El hijo de una familia extensa.
Soy hijo de una familia extensa. No estoy contento porque no puedo hablar con mis padres a solas.

Mujeres en el ejército

Anticipación de la lectura

Research shows that you read a selection much better if you have a general idea of its contents. Look at the title of the following article and its photo. Take a few minutes to *skim* it. (See page xiii on how to skim.) Then answer the following questions as well as you can.

1. What is the subject of the article? Can you guess the meaning of **ejército?**
2. Why do you think that this subject would be controversial for a hispanic family? Would it also be controversial for a North American family? Why?
3. Which country is discussed in particular? Why?

Now read the article, using the notes in the margin but without looking up words. The following exercise should help you to do this.

Adivinar el sentido de las palabras en contexto

Guessing the meaning of words from context is an important reading skill. Because Spanish and English have both been greatly influenced by Latin, they have many words that are similar in both form and meaning. These are called *cognates.* Learning to recognize them will help you. Read the following excerpts from the article. Then guess the English meaning of the cognates in boldface.

1. Todos conocemos la **aspiración tradicional** de las **familias ricas** y **poderosas** de la América Latina... (líneas 1 – 2)
   (Hint: The last word is not really a cognate, though it begins with the same letter as its English equivalent. It contains the verb **poder,** which gives a clue to its meaning. Can you guess it?)
2. Algunas familias todavía **mantienen** esas aspiraciones pero, en esta **época** de cambios... (líneas 3 – 5)
3. Hay ya más de una **docena** de países de América Latina donde las mujeres son **gobernadoras, senadoras** y **miembros** de los **gabinetes** de sus **gobiernos.** (líneas 12 – 14)
   (Hint: Remember that in Spanish, *c* and *z* have the same sound, as do *b* and *v.* This means that one letter in each pair sometimes substitutes for the other in a cognate, as in **cebra** = *zebra;* **automóvil** = *automobile.*)
4. En Bolivia, el ejército acaba de eliminar la **prohibición** a la plena **participación** de las mujeres en sus **filas.** (líneas 15 – 16)
   (Hint: The last word in boldface has a related English cognate that will show you the meaning, but another English word would make a better translation. Can you think of it?)

Mujeres en el ejército

Todos conocemos la aspiración tradicional de las familias
ricas y poderosas de la América Latina: tener entre sus
hijos un obispo,° un general y un presidente. Algunas   bishop
familias todavía mantienen esas aspiraciones pero, en esta
época de cambios, hay otras que piensan en las hijas como   5
candidatos a dichas° posiciones.   las mencionadas

La Iglesia Católica no admite a las mujeres en el sacer-
docio,° pero tal° idea es calurosamente° apoyada° por   priesthood / such an / warmly / defendida / indeed
algunos, y hay varias sectas protestantes que sí° permiten
la ordenación de las mujeres. Por otra parte,* el campo° de   10   field
actividades abierto ahora a la mujer en la política es cada
vez más amplio.° Hay ya más de una docena de países de   **cada**... more and more open
América Latina donde las mujeres son gobernadoras,
senadoras y miembros de los gabinetes de sus gobiernos.

En Bolivia, el ejército acaba de eliminar la prohibición a la   15
plena participación de las mujeres en sus filas. De ahora en
adelante, al cumplir° los diecinueve años, los bolivianos de   **al**... upon reaching
ambos° sexos deben servir un año en las fuerzas armadas;   los dos
el Colegio Militar Nacional, donde se entrenan° casi todos   **se**... are trained
los futuros oficiales° del país, va a admitir mujeres ahora.   20   officers

Según fuentes° militares, la idea de mujeres con el rango° más alto de general es una real posibilidad.

Por el momento,* es sólo el ejército el que° acepta mujeres. La fuerza aérea y la marina° permanecen como baluartes° de la masculinidad. Inicialmente, al menos,* las 25 mujeres en el ejército van a servir en ciertos cuerpos,° tales como° la infantería, los ingenieros° y la intendencia.° Pero los voceros° militares hacen hincapié* en que no se trata* de un gesto° simbólico: las mujeres, al igual que° los hombres, van a tener que cumplir° con todos los deberes 30 militares.

sources / categoría

el... *which*
navy
defensas
secciones
tales... *such as* / *engineers* / *administration and supplies* / representantes / expresión / **al**... *just the same as* / *comply*

De *Américas*, la revista de la O.E.A. (Organización de Estados Americanos).

COMPRENSIÓN DE LA LECTURA

Frases para completar

Check your comprehension by completing in your own words in Spanish the following statements of key ideas from the article.

1. La aspiración tradicional de las familias ricas y poderosas de América Latina es...
2. Ahora, en esta época de cambios, los padres pueden pensar en...
3. De ahora en adelante, una boliviana de diecinueve años debe...

PREGUNTAS

1. En América Latina, ¿pueden las mujeres aspirar a ser sacerdotes o pastores de la iglesia o no? ¿Por qué?
2. ¿Qué participación tienen las latinoamericanas en la política?
3. ¿Adónde deben ir las jóvenes bolivianas que quieren ser oficiales del ejército?
4. ¿Qué piensa usted de la idea de una mujer con el rango de general? ¿Cree usted que esto es una verdadera posibilidad en Estados Unidos o en Canadá?
5. ¿Podemos decir que en Bolivia hay igualdad de oportunidades para los dos sexos en la profesión militar o no? ¿Por qué? ¿Es diferente la situación en Norteamérica?

VOCABULARIO

Modismos

Match the Spanish idioms (**modismos**) to their English counterparts by writing the appropriate letters in the blanks. (All the idioms are used in the article.)

1. _____ por otra parte
2. _____ cada vez más
3. _____ de ahora en adelante
4. _____ al igual que
5. _____ por el momento
6. _____ al menos
7. _____ hacer hincapié en
8. _____ tratarse de

a. at least
b. to be a matter of, to have to do with
c. on the other hand
d. for the moment
e. more and more
f. to emphasize
g. just the same as
h. from now on

OPINIONES

1. ¿Cree usted que los padres deben influir en la selección de una carrera para sus hijos? ¿Qué aspiraciones tienen sus padres con respecto a la carrera de usted?
2. ¿Qué opina usted de la participación de mujeres en el ejército?
3. Según su opinión, ¿cuándo va a haber una mujer como presidente de Estados Unidos o como primer ministro de Canadá? ¿En diez años? ¿En veinte? ¿Nunca? ¿Por qué?

COMPOSICIÓN

Write original Spanish sentences on the family, the role of women in the army or society, or some theme related to this chapter, using at least four of the idioms presented in the Vocabulary exercise on **Modismos.** If you can use more than one idiom in the same sentence, so much the better. Underline the idioms for ease of correcting.

Chistes

Cómo dormir a los niños

Todas las noches el padre les cantaba a sus hijos para dormirlos,° hasta una noche cuando oyó que su hijo mayor comentó al menor: «Mira, si finges° estar dormido, él deja de cantar.»

to put them to sleep

you pretend

¡Qué mal educado es ese niño! Es obvio que sus padres no le enseñan la buena conducta.

La música rock: Un conflicto entre las generaciones

Anticipación de la lectura

It has been said that music is a universal language, but the following article from an Argentinean magazine suggests that it can be the cause of conflict as well—conflict that affects the family. What kinds of conflict do you think the article will talk about?

Look at the title and photo. Skim the article for a few minutes, paying attention to the headings of the different sections. Then answer the following questions.

1. How many separate sections are there in the article?
2. Which section(s) discuss(es) some causes of the conflict?
3. Which section(s) give(s) advice about resolving the conflict?

Read the article to get a better understanding of an Argentinean point of view on this problem.

Análisis de diferencias

Some typical skills needed by English-speakers when reading Spanish are described below, with examples taken from the article. Read the descriptions and use them to make rough translations.

Understanding differences in word order

English often uses the auxiliary verbs *do* and *does* to form questions; Spanish simply transposes the order of subject and verb. (*Does John work?* = **¿Trabaja Juan?**) This difference can cause problems in understanding. Remember to use *do* or *does* in your translation.

1. ¿Representa hoy la música de los jóvenes una realidad viva que escapa a la comprensión de los adultos? (líneas 1–2)

Figuring out meaning from form

The following sentence contains some difficult vocabulary. Refer to the notes in the margin. Then look at the two words in boldface. The first has a cognate hidden inside it. The second is used here as a verb, but you already know it as a noun. Guess the meanings.

2. ¿Acaso la música rock es ahora un **estandarte** que **hermana** a los jóvenes entre sí en contra de la cultura de los padres? (líneas 12–14)

Remembering grammatical differences

In English we always state the subject, but in Spanish it is sometimes given only in the verb ending. (*I talk.* = **Hablo.**) English uses a gerund (*-ing* word) in many places where Spanish uses an infinitive (**-ar, -er,** or **-ir** word) (*skiing* = **el esquiar**).

3. Así podemos entender las modas populares entre los jóvenes en la forma de vestir, hablar, bailar. (líneas 35–36)

Another difference in word order

In English statements the subject almost always comes *before* the verb. In Spanish statements the subject often comes *after* the verb.

4. En estos recitales ocurre una catarsis colectiva. (líneas 42–43)

La música rock: Un conflicto entre las generaciones

Sofía Wascher

¿Representa hoy la música de los jóvenes una realidad viva que escapa a la comprensión de los adultos? ¿Es la manera en que expresan su oposición al mundo de los mayores,° o simplemente una forma sofisticada de aislarse° del mundo exterior y de sus problemas?

adultos
isolating themselves
5

No podemos negar° que vivimos en la era de la imagen y del sonido,° en la era tecnológica que puede producir atronadores° decibeles. ¿Y qué pasa cuando esta música sale en alto volumen de los baffles° del living?° Los jóvenes adolescentes se mantienen en actitud de éxtasis, en un estado casi místico, mientras que° los adultos (padres, abuelos) no logran° combatir la exasperación. ¿Acaso la música rock es ahora un estandarte que hermana a los jóvenes entre sí en contra de la cultura de los padres?

deny
sound
deafening
speakers / living room
10
mientras... *while*
no... *don't manage*

Sin duda la respuesta° es afirmativa. Los cultores° de la música rock son adolescentes que en general tienen entre catorce y veintidós años. También hay rockeros de treinta años, pero es un grupo pequeño.

15 answer / personas que aman algo

En realidad hay que° comprender que el problema principal de la adolescencia consiste en la adaptación de los jóvenes al mundo de los adultos. Es la conciliación de dos realidades diferentes, antitéticas:° por un lado la de° la sociedad con sus normas y leyes;° y por el otro la de personas que están en proceso de formación, que tienen una cultura propia.°

hay... *es necesario*
20

en oposición / **la...** *that of*
laws
25 *of their own*

En este contexto la música rock es ahora una nueva forma de comunicación para los jóvenes.

La nueva mitología: El cantante° o grupo rockero

persona que canta

La adolescencia es la edad de los héroes, de la búsqueda° de líderes. Los nuevos ídolos ocupan el lugar de los dioses° de otros tiempos. Ahora hay una nueva mitología, pero con una gran ventaja:° el ídolo está más accesible; uno puede escucharlo, verlo y hasta tocarlo.

30 search
personas divinas

superioridad

Así podemos entender las modas populares entre los jóvenes en la forma de vestir, hablar, bailar. Es un proceso

35

Lito Nebbia, un famoso cantante argentino de música rock.

de mimetismo° e identificación con el ídolo. En síntesis,   imitación
vestirse como el cantante favorito es una forma de negar el
mundo de los adultos.

Los festivales de rock   40

En los festivales de rock los jóvenes encuentran canales°   maneras
de expresión para descargar° la energía acumulada. En   *to release*
estos recitales ocurre una catarsis colectiva. Los jóvenes se
expresan con todo el cuerpo, con las manos, con la voz,°   *voice*
porque el rock es una música que implica un estímulo   45
rítmico poderoso. Es una liberación psicológica y física, y
algunos creen que así los jóvenes dan salida a° la agresivi-   **dan**… permiten escapar
dad latente.
    El público es enorme, anónimo, impersonal. Las personas
pierden su identidad individual para fusionarse° con la   50 unirse
entidad colectiva. ¿Quién grita?° ¿quién tira piedras?°   habla en voz muy alta / **tira**…
¿quién canta? Todos; un grupo.   *is throwing stones*

¿Y los padres?

No encuentro diferencia entre esta juventud° que gusta del   grupo de jóvenes
rock y las generaciones anteriores° —dice la psicóloga   55 de tiempos pasados
Alicia Kostelbaum. A algunos adultos les molesta° esta   parece desagradable
música porque tiene una gran vitalidad. En el otoño° de la   *autumn*
vida muchas personas sienten cierta rivalidad con el
adolescente.

Algunos dicen que los jóvenes no leen lo suficiente;° la música es todo su interés. Esta afirmación es relativa. Lo que ocurre° es que escuchar música no implica esfuerzo;° por el contrario, leer es un placer más mediato.°

De todos modos, hay que admitir que la música rock existe, que tiene una importancia que va en aumento.° Lejos de° criticar y quejarse del «ruido»,° los padres deben escuchar música rock con sus hijos, poner atención a la poesía de sus letras° y —¿por qué no?— acompañarlos a los festivales. Es algo que realmente vale la pena.°

60 **lo**... *enough*

Lo... *What happens / effort* indirecto

65 **va**... *progresa*
Lejos... *Far from / noise*

palabras de las canciones
vale... *is worth the trouble*

De *Pájaro de Fuego*, una revista argentina.

COMPRENSIÓN DE LA LECTURA

Frases para completar

Check your comprehension by selecting the best word or phrase to complete the following statements according to the article.

1. Cuando los adolescentes escuchan la música rock, los padres sienten
   a. éxtasis.
   b. indiferencia.
   c. exasperación.
2. Realmente el problema principal de la adolescencia es
   a. encontrar una forma de comunicación con otros jóvenes.
   b. la aceptación de los rockeros que tienen treinta años.
   c. la adaptación de los jóvenes al mundo de los adultos.
3. La autora habla de una «nueva mitología» porque cree que los cantantes y grupos rockeros
   a. ocupan el lugar de héroes para toda la sociedad.
   b. son ahora los ídolos o dioses de los jóvenes.
   c. están más accesibles a los adultos.
4. Muchos adultos están en contra de la música rock porque sienten
   a. rivalidad con el adolescente.
   b. admiración hacia los rockeros.
   c. expectativas y deseos similares.

PREGUNTAS

1. Según el artículo, ¿por qué es popular la música rock entre los jóvenes?
2. ¿Cómo explica la autora las modas populares entre los jóvenes argentinos en la forma de vestir, hablar y bailar? ¿Cree usted que esto pasa en nuestra cultura también?
3. ¿Qué pasa en los festivales de rock? ¿Le gustan a usted estos festivales o no? ¿Por qué?
4. ¿Qué diferencia hay entre leer libros y escuchar música? ¿Cuál de estas actividades prefiere usted? ¿Por qué?
5. ¿Qué deben hacer los padres? ¿Qué piensa usted de esta recomendación?

VOCABULARIO

El detective de palabras

Scan the article to find the following expressions, using the clues given below. (See page xiii for how to scan.) Write the Spanish equivalents.

EN LA PRIMERA SECCIÓN...
1. Una frase que contiene cognados y quiere decir «the technological age».
2. Una palabra tomada del inglés que muchos usan ahora en lugar de «la sala».

EN LA ÚLTIMA SECCIÓN...
3. El modismo que quiere decir «on the contrary».
4. El modismo que quiere decir «why not?».

OPINIONES

1. ¿Qué opina usted de la música rock? ¿Cree usted que es inferior o superior a la música clásica? ¿Qué piensan sus padres de estos tipos de música? ¿Hay conflictos en la familia por eso?
2. ¿Quién es el (la) cantante o el grupo rockero más popular ahora? ¿Qué piensa usted de él / ella / ellos?

REPASO

TRADUCCIÓN EN CONTEXTO

Read the following story based on words, idioms, and structures that have been presented in this chapter. Then try your hand at translating the English parts in parentheses to Spanish. Don't expect to get everything right. Translation demands greater exactness than reading, listening, or speaking, but it is a good way of polishing your language skill.

UNA CRISIS EN LA FAMILIA RODRÍGUEZ

Son las nueve de la noche y toda la familia está reunida en (the living room) _____ para discutir la última novedad: Marta, (an adolescent of eighteen years) _____ quiere (to serve a year in the Army) _____ . La familia Rodríguez es (an extended family) _____ y muy tradicional. (All the relatives) _____ tienen una opinión sobre el problema.

—¡Esta situación es intolerable! —dice la mamá. —(We raise our daughters) _____ de manera conservadora. Marta debe buscar (a good husband) _____ .

—Estoy completamente de acuerdo —opina Don Pancho, (the grandfather) _____ . —¡Qué idea más loca! Creo que hoy (young people) _____ sólo desean manifestar (their opposition to the adult world) _____ .

—No es verdad —declara el hermano mayor de Marta. —(We have a right to live) _____ también. (Does our family believe) ¿_____ que la libertad existe sólo para los adultos?

—Según mi opinión —dice el papá— (it's a matter of) _____ un problema de obligaciones más que de libertades. Ahora Marta (depends on) _____ nosotros, (her parents) _____ , y tiene que aceptar nuestras ideas.

—(On the other hand) _____ , —dice el tío Oscar— mi sobrina no es una niña mala. No va a (rock festivals) _____ . No imita a (singers and rock groups) _____ en su manera de vestir y de (talking) _____ . Y (at least) _____ ella tiene aspiraciones.

En este momento entra Marta en uniforme de las fuerzas armadas.

—Así es la vida —se lamenta (her grandmother) _____ .

DIÁLOGOS ORIGINALES

Look at the following drawings. Then invent the dialogue by writing out what you think each person is saying (en español, por supuesto).

1

INTERRELACIONES

Write down answers to the following questions in Spanish. Then find another person in your class with the same answers as yours. The first person to find someone with the same answers to both questions should tell the teacher, and he/she wins the game. Remember: «Está prohibido hablar en inglés.»

1. ¿Cuántas hermanas tienes?
2. ¿Te gusta la música rock?

CAPÍTULO DOS

EL MUNDO DE LOS ESTUDIANTES

Present Tense

La universidad† latinoamericana

1. La universidad

A la edad de dieciocho años, después de terminar la escuela secundaria‡, un porcentaje (%) de los jóvenes latinoamericanos va a la universidad. En general, este porcentaje es mucho más pequeño que en Estados Unidos. El costo de la vida es muy alto en América Latina y los salarios son bajos. Además, hay una gran diferencia cultural y económica entre la gente del campo (de secciones rurales) y la gente de la ciudad. Por eso, pocos estudiantes del campo continúan sus estudios después de la escuela primaria. La matriculación en las universidades del estado es gratis (no cuesta nada) o cuesta muy poco, pero no tienen muchas de las instalaciones que son comunes en las universidades de EEUU: grandes bibliotecas, cafeterías, laboratorios bien equipados, salas de estudio, gimnasios, etcétera.

† This overview of the educational system applies generally to most, but not to all, Latin American countries.
‡ High school **(la secundaria)** in Latin America begins for most students at the age of thirteen and lasts five years. The college-preparatory course, called the **bachillerato** or **preparatoria,** is generally considered to be somewhat more demanding than the average high school program in North America.

2. Los estudios

En América Latina, cuando los jóvenes llegan a la universidad, entran directamente a una facultad profesional (de Medicina, de Farmacia, etcétera). No

tienen que estudiar tres o cuatro años antes, para obtener un título de B.A. o de B.S. como los estudiantes norteamericanos. Eso quiere decir que los estudiantes latinoamericanos tienen que tomar una decisión con respecto a su carrera más temprano. Luego, estudian de cinco a ocho años antes de recibir su título. Si cambian de opinión, pueden salir de su facultad, pero tienen que empezar desde el principio en una nueva facultad. Otra diferencia es que los estudiantes norteamericanos tienen algunas opciones en sus programas: pueden elegir ciertas materias en vez de otras. Pero los estudiantes latinoamericanos siguen programas completos, sin opciones.

3. Los exámenes

En América Latina, los cursos son de un año, no de un «semestre», y generalmente no hay exámenes intermedios. Por eso, los exámenes que los profesores escrita. En algunas universidades, el (la) alumno(a) puede elegir la fecha de sus exámenes: puede darlos* antes o después de las vacaciones.

toman* al final del año son muy importantes. Muchas veces, una parte de estos exámenes es oral y otra parte es

*Nota de vocabulario

In most Spanish-speaking countries, you say: **Los alumnos dan los exámenes. Los profesores toman los exámenes.** Spanish-speakers are surprised when they learn that in English it is the students who *take* the exams and the teachers who *give* them. Other expressions show a similar difference in perspective. In Spanish one speaks of **el ir y venir** of many people; in English we say *the coming and going.* In Spanish, when you call to someone you are waiting for, the person responds, **Voy;** in English, the person responds, *I'm coming.*

4. Las carreras

En las universidades latinoamericanas predominan todavía las carreras más tradicionales porque ofrecen mucho prestigio y, a veces, seguridad económica. Los hombres eligen preferentemente Medicina, Ingeniería Civil y Derecho (el estudio del sistema legal). La mayor parte de las mujeres elige Educación o Humanidades (Literatura, Historia, Sociología, Psicología, etcétera). Pero muchos piensan que en la América Latina de hoy, las carreras prácticas son más necesarias: Ingeniería Eléctrica, Química y Mecánica; Ciencias; Agronomía y Veterinaria. Los gobiernos de algunos países tratan de atraer a los alumnos a las carreras científicas y técnicas por medio de becas (regalos de dinero). En la Cuba socialista de Castro, el gobierno controla las universidades y el número de estudiantes para cada facultad es determinado de acuerdo con las necesidades del país.

5. La vida estudiantil

Las universidades latinoamericanas no tienen un gran número de residencias para estudiantes. Por eso, la mayor parte de los estudiantes vive con su familia o, si no hay una universidad cerca de su casa, con parientes o amigos, o en una pensión. El café es un lugar importante para ellos. Allí van a discutir una variedad de temas —sobre todo, la política. Tradicionalmente en América Latina, los estudiantes tienen gran interés en la política de su país. Como muchos de los gobiernos son represivos y hay cierta inestabilidad, los estudiantes organizan movimientos y manifestaciones, frecuentemente en colaboración con algunos partidos políticos. A veces obtienen reformas y otras veces son arrestados por la policía. También los alumnos participan de manera directa en la organización y administración de la universidad y de los programas de estudios.

EJERCICIOS

COMPRENSIÓN DE LA LECTURA

Cierto o falso

Tell whether the following statements about the article are true (**cierto**) or false (**falso**). Correct false statements to make them true.

1. _____ En América Latina, pocos jóvenes van a la universidad porque la matriculación cuesta mucho.
2. _____ Los estudiantes latinoamericanos tienen que tomar una decisión con respecto a su carrera más temprano que los estudiantes norteamericanos.
3. _____ En América Latina los profesores toman exámenes y los alumnos los dan.
4. _____ Medicina, Ingeniería Civil y Derecho son las carreras tradicionales para las mujeres latinoamericanas.
5. _____ La mayor parte de los estudiantes latinoamericanos vive en residencias de la universidad.
6. _____ En Latinoamérica, en general los estudiantes participan activamente en la política.

PREGUNTAS

1. ¿Por qué van menos jóvenes a la universidad en América Latina que en Estados Unidos?
2. Generalmente, ¿qué instalaciones no tienen las universidades latinoamericanas? ¿Cree usted que estas instalaciones son realmente importantes o no? ¿Por qué?
3. ¿Cuántos años tienen los alumnos cuando entran a una facultad profesional en América Latina? ¿Y en Estados Unidos? ¿A qué edad cree usted que una persona puede tomar una decisión con respecto a su carrera?
4. ¿Por qué son muy importantes los exámenes que los profesores latinoamericanos toman al final del año? ¿Son orales o escritos? ¿Cuáles prefiere usted?
5. ¿Prefiere usted dar exámenes antes o después de las vacaciones? ¿Por qué?
6. En América Latina, ¿cuáles son las carreras tradicionales para hombres? ¿cuáles para mujeres? ¿Y en EEUU?
7. ¿Qué hacen algunos gobiernos para atraer a los alumnos a las carreras prácticas? ¿Qué hace el gobierno de Cuba? ¿Cuál de estos métodos le parece mejor a usted?
8. ¿Por qué es importante el café en la vida estudiantil?
9. ¿Cómo participan los estudiantes latinoamericanos en la política? En general, ¿qué piensa usted de la participación estudiantil en la política?

VOCABULARIO

Modismos

Fill in the blanks appropriately after reading the selection and the Vocabulary Note. Be careful to translate correctly, *not* "literally" (word for word).

1. Es difícil estudiar en la biblioteca a causa del *(coming and going)* _____ _____ _____ de muchos estudiantes.
2. Muchos jóvenes tienen que *(make the decision)* _____ _____ _____ con respecto a una carrera a la edad de dieciocho años.
3. Ese profesor siempre *(gives)* _____ exámenes difíciles.
4. Allí discuten una variedad de temas —*(above all)* _____ _____, la política.
5. Estas carreras ofrecen prestigio y, *(sometimes)* _____ _____, seguridad económica.
6. Los estudiantes norteamericanos pueden elegir ciertas materias *(instead of)* _____ _____ _____ otras.
7. *(Most)* _____ _____ _____ de los estudiantes vive con su familia o con parientes o amigos.
8. Si ellos *(change their mind)* _____ _____ _____, pueden salir de su facultad y entrar en otra.

OPINIONES

1. Muchos latinoamericanos creen que la idea norteamericana de tener opciones en los programas de estudio es un poco loca. Ellos dicen: «O una materia es importante o no es importante. Si es importante, no debe ser opcional. Si no es importante, no debemos estudiarla.» ¿Está de acuerdo usted o no? ¿Por qué?

2. Por otra parte, ¿qué piensa usted de los cursos obligatorios *(required courses)*? Por ejemplo, ¿cree usted que debemos seguir necesariamente un curso de idioma extranjero? Explique.

3. ¿Qué aspectos de la universidad latinoamericana le gustan a usted? ¿Cuáles no le gustan? Explique.

COMPOSICIÓN

Write a brief paragraph in Spanish (three to six sentences) to answer the following question. Try to use at least two of the **modismos** from the vocabulary exercise above.

¿Cree usted que es una buena idea interrumpir los estudios universitarios para trabajar un año o dos? ¿Por qué?

El paro juvenil

Anticipación de la lectura

Before reading, look at the title and photo. (If you don't understand the title, you will after skimming.) Take two minutes to skim the article. Then answer the following questions.

1. What problem does the article talk about?
2. What country does it focus on? Why?
3. Does the article talk mainly about the consequences of this problem or about possible solutions to it?

Adivinar el sentido de las palabras en contexto

Practice the skill of guessing the meaning of words from context. Read the following sentences from the article. Then, using the hints and the context, select the word or phrase closest in meaning to the boldface words and phrases.

1. De acuerdo a los **datos facilitados** por el Instituto Nacional de Estadística, nada menos que 1.439.000 españoles carecen de trabajo. (líneas 3 – 5)
   (Hint: Both words are cognates, but the first has an irregular plural in English. The name of the institute gives you a clue.)
   a. libros fáciles
   b. información dada
   c. días seleccionados
2. Hay un aspecto de la situación que nos parece tener la mayor importancia social y humana: un 40% de estos **parados** lo constituyen los jóvenes entre los dieciséis y los veinticinco años. (líneas 7 – 10)
   (Hint: Since you now know the meaning of the word **paro** in the title, you can figure out the meaning of **parados.**)
   a. jóvenes que viven en la ciudad
   b. individuos que no tienen trabajo
   c. personas mayores que son importantes

3. **El subsidio de paro,** que puede suponer un paliativo de emergencia para un padre de familia, no lo es en absoluto para un jóven ni psicológica ni vitalmente. (líneas 22 – 24)
   a. dinero pagado por el gobierno a las personas sin empleo
   b. un curso especial de preparación para ciertas profesiones
   c. la depresión psicológica causada por el desempleo
4. Al llegar los meses de verano, la **cifra** de parados jóvenes **aumenta** considerablemente: los estudiantes buscan también alguna ocupación para los tres meses de vacaciones. (líneas 32 – 35)
   (Hint: Each of these has a helpful English cognate.)
   cifra:
   a. grupo
   b. frustración
   c. número
   aumenta:
   a. es más grade
   b. es más pequeña
   c. es lo mismo
5. Las ocupaciones más frecuentes que encuentran son trabajos **a tiempo parcial** que no pagan bien: la recogida de frutas, clases particulares, cuidar niños, repartir paquetes… (líneas 35 – 38)
   a. en diferentes lugares
   b. durante pocas horas
   c. con buenos salarios

El paro juvenil

El paro° es, a nivel° internacional, una de las mayores preocupaciones de la década de los ochenta.° A nivel nacional en España, es la mayor de todas. De acuerdo a los datos facilitados por el Instituto Nacional de Estadística, nada menos que 1.439.000† españoles carecen de trabajo.   5
El 11,22% de la población* activa española se ve privada° de su *derecho humano a trabajar.* Hay un aspecto de la situación que nos parece tener la mayor importancia social y humana: un 40% de estos parados lo constituyen los jóvenes entre los dieciséis y los veinticinco años.   10
    La delincuencia juvenil, la droga,° el abandono de los estudios, los extremismos políticos y hasta el terrorismo generalizado están en relación directa con el número de jóvenes que entran a la vida activa y ven frustradas sus ilusiones del porvenir° y sus esperanzas más legítimas. El mal   15 menor° de los escapes de esta juventud desilusionada es la afición° musical sin freno° por el «rock», el «reggae» o

Margin glosses:
layoff (of workers) / *level*
los… *the 80s*

deprived

(taking of) *drugs*

futuro
mal… *least evil*
fondness / control

† Notice that in Spanish, periods, not commas, are used to separate 1,000s (1,439,000 becomes 1.439.000 in Spanish). The comma — *not* the period — is used as the decimal point (11.22% becomes 11,22% in Spanish).

El paro es un problema internacional. Dos jóvenes mexicanos buscan trabajo en la sección de empleos del periódico.

cualquier otro ritmo de turno.° En todo caso, hay que admitir que un joven que no encuentra trabajo cuando mayor es su vitalidad° y más lo necesita para afirmarse en la vida está en el disparadero.° No hace falta ser psicólogo para entenderlo. El subsidio de paro, que puede suponer un paliativo de emergencia para un padre de familia, no lo es en absoluto para un joven, ni psicológica ni vitalmente. Sin ilusión del futuro el joven se va a perder. Así de° sencillo y así de trágico.

Los jóvenes se quejan de° la injusticia de su situación porque cuando buscan empleo todos los patronos° les

de... *in fashion*

20 **mayor**... tiene más energías
el... una situación loca

25 **Así**... *It's just that*

se... *complain about*
jefes

*Nota de vocabulario: -ción / -tion

Words that are identical or similar in two languages are called cognates. Most Spanish words ending in **-ción** have an English cognate ending in *-tion*. **La población,** for example, corresponds roughly to *the population*. Other cognates like this used in the article are: **(la) situación, (la) ocupación, (la) solución.** Notice that words ending in **-ción** are feminine in Spanish.

exigen° experiencia y por esta causa nunca llegan a encon-   requieren
trar su primer trabajo. El servicio militar próximo° es otra   30   que viene pronto
excusa que ponen los patronos para no contratarlos.°   emplearlos

Al llegar los meses de verano, la cifra de parados jóvenes
aumenta considerablemente: los estudiantes buscan
también alguna ocupación para los tres meses de vacaciones. Las ocupaciones más frecuentes que encuentran son   35
trabajos a tiempo parcial que no pagan bien: la recogida de
frutas, clases particulares, cuidar niños, repartir paquetes...

Es hora de dejar a un lado la política y buscar soluciones
a este problema grave. Todos —Gobierno, Parlamento,   40
partidos, municipios, sindicatos—° deben olvidar sus inte-   trade unions
reses particulares y unir los esfuerzos y los recursos° de la   resources
nación en un solo sentido: reducir el paro, y sobre todo el
paro juvenil.

De *Blanco y Negro*, una revista española.

COMPRENSIÓN DE LA LECTURA

Frases para completar

1. En España, el porcentaje de la población activa que está sin trabajo es apróximada-
    mente (8% / 11% / 15%).
2. Los jóvenes, entre los dieciséis y los veinticinco años, constituyen un (20% / 30% /
    40%) de estos parados.
3. El mal menor de los escapes que buscan los jóvenes sin trabajo es (el terrorismo / la
    droga / la música rock).
4. Cuando los jóvenes buscan trabajo, todos los patronos les exigen (un subsidio /
    experiencia / cifras).
5. Durante los meses de verano el número de jóvenes parados (aumenta / baja / no
    cambia).

Entrelíneas

An article is not just a relaying of information; the opinions of the author
determine the selection and presentation of the facts included. When you
read, you should try to see ''between the lines'' and make *inferences* (conclusions based on other facts) about what the author's opinion really is. Choose

the ending for the following statement that you think best expresses the
opinion of the anonymous journalist who wrote the article for *Blanco y
Negro*. Find statements from the article that support your choice.

La causa principal de la violencia y del crimen de los jóvenes de hoy es
a. la mala educación que reciben de sus padres.
b. la sociedad que no les ofrece oportunidades.
c. la falta de responsabilidad de estos adolescentes.

PREGUNTAS

1. En España, ¿cuál es la mayor preocupación de la década de los ochenta?
2. ¿Cree usted que existe un *derecho humano a trabajar* o no? ¿Por qué?
3. Según el autor del artículo, ¿qué problemas están en relación directa con el número de jóvenes parados? ¿Está usted de acuerdo con él?
4. ¿A quién ayuda el subsidio de paro? ¿A quién no ayuda? ¿Por qué?
5. ¿Por qué se quejan los jóvenes de la injusticia de su situación? ¿Qué piensa usted de esto?
6. ¿Qué ocupaciones encuentran los estudiantes durante los tres meses de vacaciones?
7. Según el autor, ¿quiénes deben unir sus esfuerzos para reducir el paro juvenil?

VOCABULARIO

Cognados

Give the Spanish equivalents for the following English words. Be sure to
notice that some of the words have a slight spelling change in addition to the
ending change.

Modelo: the solution
         la solución

1. the occupation   _____
2. the participation _____
3. the situation   _____
4. the celebration   _____
5. the population   _____
6. the contribution   _____
7. the ambition   _____

OPINIONES

1. ¿Cree usted que el paro juvenil es un problema grave en nuestra sociedad? ¿Por qué?
2. Para usted, ¿cuál es el trabajo ideal?

COMPOSICIÓN

Invent a caption (in Spanish) for the cartoon.

El ligue en provincia

Anticipación de la lectura

There's more to student life than school and work. The following article is about student romance in a small provincial city of Mexico called Colotlán. By looking at the photo and headings of the sections, what do you think is the meaning of the word **ligue?** Of the related verb **ligar,** which appears farther down (line 21)? Skim the article for a few minutes. Then answer the following questions.

1. Why are there so many students in Colotlán?
2. How is their social life different from that of North American students?

Now read the article for a fuller understanding.

Análisis de diferencias

Sometimes a small word, such as **de** or **se,** can have a big impact on the meaning of a sentence. Give a rough translation of the following excerpts from the article, using the hints and context as aids and paying special attention to these two small words.

1. Al cabo de varios minutos uno de los jóvenes se levanta y se dirige a una de las muchachas, ella se separa de sus amigas y ahora da vueltas acompañada del joven... (líneas 6 – 9)
   (Hint: The preposition **de** has three different meanings here — *of, from, by*. **Se** is used here as part of the reflexive verbs; by substituting *himself* or *herself* for it and giving the verb its literal meaning, you can get a rough translation.)

2. Pero en este pueblo de Jalisco en realidad hay más de ocho mil y en tiempos de escuela sobrepasan los diez mil... (líneas 12 – 14)
   (Hint: After the word **más** and before a number, **de** has a particular meaning in English. Can you guess it?)

3. Un pequeño jardín frente a la iglesia, el jardín Corona, es el sitio de romance; es ahí donde se conocen las parejas que luego se casan. (líneas 25 – 28)
   (Hint: **Casarse** is a reflexive verb, but the first use of **se** is to show that the action of the verb passes back and forth between two people, so it needs a different translation that does not include the word *-self*.)

4. Entonces, vestidas con sus ropas de domingo, las muchachas suelen caminar en parejas o en pequeños grupos... (líneas 53 – 55)
   (Hint: A noun can act as an adjective in English, but not in Spanish, so a *gold watch* is a **reloj de oro.**)

El ligue en provincia

Fco. Javier Ramos

Un domingo en la plaza

La tarde del domingo es fría, pero para los jóvenes que dan vueltas° en el jardín eso no importa. En una de las bancas, cinco muchachos esperan atentos; su atención es captada por tres jovencitas que pasan una y otra vez;° algunos de ellos sonríen y hacen señas con la mano. Al cabo de varios minutos uno de los jóvenes se levanta y se dirige a una de las muchachas, ella se separa de sus amigas y ahora da vueltas acompañada del joven; posiblemente empieza un noviazgo.°

A la entrada del pueblo un letrero° anuncia su nombre y el número de pobladores: Colotlán 6.700 habitantes. Pero en este pueblo de Jalisco en realidad hay más de ocho mil y en tiempos de escuela sobrepasan los diez mil, debido a que° cientos de estudiantes llegan de los ranchos y pueblos cercanos para cursar la academia comercial, la normal° o la preparatoria. Al igual que en muchas otras poblaciones de la provincia mexicana, Colotlán conserva tradiciones

dan... caminan en círculos

5 **una...** muchas veces

10 *steady relationship*
sign

15 **debido...** *due to the fact that*
escuela para la preparación de
profesores

heredadas° de generación en generación; una de ellas es la relacionada con la forma de conseguir novio, o novia.°

Si quieres ligar en Colotlán, el domingo es el día indicado. Existen dos horarios° diferentes. A las 12:00 de la tarde es el turno de los rancheros que vienen de Santa María, de Tulimi, de Tepulichi u otros ranchos; ellos vienen a la iglesia o al tianguis° que está situado frente a la misma. Un pequeño jardín frente a la iglesia, el jardín Corona, es el sitio de romance; es ahí donde se conocen las parejas que luego se casan.

Las parejas que se reúnen° en este parque nunca van a la cafetería. Algunos van a la fuente de sodas, pero por tradición casi todos asisten a la «refresquería», como le dicen al pequeño restaurante que está frente al jardín; ahí pueden tomar un refresco° y escuchar algunas canciones de su agrado° en la vieja sinfonola.° Muchas de las parejas que aquí se conocen pertenecen a° ranchos muy alejados entre sí,° por lo que Colotlán se convierte en el lugar necesario para reunirse todos los domingos.

¿Me invitas a dar una vuelta?

Colotlán, que significa «Tierra de alacranes»° por la abundancia del venenoso° animal, está ubicado° en la zona norte de Jalisco, de la que es cabecera° municipal; es el más importante centro comercial y cultural de la región.

Para los jóvenes que viven en Colotlán, el movimiento comienza a las seis y media, hora en que la plaza, como le llaman al jardín principal, se empieza a llenar de muchedumbre.° Hombres y mujeres jóvenes se dedican a dar vueltas alrededor del quiosco,° los hombres en un sentido° y las mujeres en otro. Entonces no hay que perder detalle; una sutil seña, un gesto o una mirada especial pueden ser el principio de un romance.

Cuando acaba° la misa,° a las 8:00 de la noche, el jardín se llena de gente y se hace difícil la circulación, lo que da lugar a pequeños roces° y empujoncitos.° Entonces, vestidas con sus ropas de domingo, las muchachas suelen caminar en parejas o en pequeños grupos, con andar lento y miradas expectantes, pero discretas. Las mujeres de estos rumbos° tienen fama de ser atractivas y en realidad hay mucho de cierto, todo es cuestión de buscar la pareja adecuada; aunque a fin de cuentas,° es la mujer la que tiene la última palabra.

20 transmitidas
novio... *steady boyfriend or girlfriend*
schedules

25 *cattle market*

se... vienen juntos

30

soft drink
placer / *juke box*
35 **pertenecen...** son parte de
alejados... lejos uno del otro

escorpiones
40 *poisonous* / situado
centro del gobierno

45

mucha gente
kiosk / *direction*

50

termina / ceremonia religiosa

brushings against / *small pushes*

55

partes

a... al final
60

Este día la mayoría de los hombres visten elegantemente;
dominan las camisas a cuadros,° los sombreros tejanos° y
las botas vaqueras.° Mientras muchos dan vueltas para ver
más de cerca a las muchachas, algunos prefieren sentarse a
verlas pasar. Para entablar° contacto con la pareja elegida
es el hombre quien tiene que tomar la iniciativa. Generalmente, se presenta ante su dama y le dice: «¿Te puedo
acompañar?, ¿Me invitas a dar una vuelta?» Después de dar
juntos algunas vueltas y si los planes marchan bien, él le
invita al café o a la fuente de sodas. Gracias a un intenso
interrogatorio, ya sabe su nombre, estudios, ocupaciones,
pasatiempos y edad. Al cine° Colonial, único que hay en el
pueblo, sólo van los novios. Las parejas que empiezan a
conocerse no van allí porque no está bien visto.°

camisas... *checkered
shirts* / de Texas / *cowboy*

65 empezar

movie theater

bien... considerado como
buena conducta

Las tradiciones continúan

75

Pero no es sólo el deseo de encontrar pareja lo que lleva a
los muchachos a la plaza; también son las tradiciones y las
normas morales. En la plaza los padres pueden ver con toda
naturalidad a sus hijas que dan vueltas y platican° con el
pretendiente;° ellos mientras tanto° pueden conversar con
las personas de su edad.

conversan

80 *suitor* / **mientras...** durante
este tiempo

El viejo Enrique explica la paulatina° pérdida° de algunas
costumbres por la influencia que llega a las ciudades. «Aquí
hay mucha gente joven que se va para Estados Unidos,
para el D.F.° o a Guadalajara y que luego regresa ya con
otras costumbres. Ahora muchos jóvenes le agarran° la

gradual / *loss*

85 Distrito Federal, la ciudad de
México / *toman*

mano a su pareja, cosa no permitida hace ocho años.° Pero
yo considero que aún así, la juventud llega tarde en relación
a los centros urbanos, porque, por ejemplo, a nivel° secundaria no hay muchos noviazgos; aquí todavía importa el
qué dirá»°

hace... *eight years ago*

level

90

que... *"what will (people) say"*

De *Encuentro de la Juventud,* una revista mexicana

COMPRENSIÓN DE LA LECTURA

Frases para completar

1. En Colotlán hay muchos estudiantes porque
    a. es una ciudad muy grande.
    b. los jóvenes vienen allí de ranchos y otros pueblos.
    c. hay cuatro escuelas especiales para extranjeros.
2. El primer grupo de hombres que llegan el domingo para buscar ligue son los
    a. rancheros.
    b. alacranes.
    c. profesores.
3. Por tradición, estos hombres invitan a las mujeres a la
    a. iglesia.
    b. cafetería.
    c. refresquería.
4. Después, a las seis y media, los jóvenes que viven en la ciudad llegan a la plaza y empiezan a
    a. bailar y tocar guitarras.
    b. dar vueltas alrededor del quiosco.
    c. hablar con sus padres y abuelos.
5. La mayoría de los hombres están vestidos
    a. de ropa vieja.
    b. en el estilo de París.
    c. en el estilo del Oeste.
6. El viejo Enrique piensa que hoy en ciudades como Colotlán, las tradiciones y costumbres de los jóvenes
    a. son completamente diferentes a causa de la influencia de Estados Unidos.
    b. continúan como en el pasado pero con algunos pequeños cambios.
    c. permanecen idénticas a las tradiciones y costumbres de los abuelos.

Entrelíneas

When you read, try to read "between the lines" and make inferences (conclusions based on other facts) about what is being said. Look at the last paragraph of the article; then choose the words to correctly complete the inference below. Find statements from the article to support your opinion.

Los jóvenes mexicanos que viven en la capital o en ciudades grandes tienen (más / menos) libertad que los jóvenes de Colotlán y los adultos de esa ciudad están (contentos / descontentos) con esta situación.

PREGUNTAS

1. ¿Cuáles son las tres escuelas diferentes que cursan los estudiantes en Colotlán?
2. Después de las seis y media, ¿qué pasa en la plaza? ¿Qué piensa usted de esta manera de buscar ligue?
3. ¿Quién toma la iniciativa: el hombre o la mujer? ¿Qué hace? ¿Quién toma la iniciativa en nuestra cultura?
4. Según el artículo, «es la mujer la que tiene la última palabra» en estos romances. ¿Cree usted que eso es verdad en nuestra cultura también?
5. ¿Quiénes son los únicos que van al cine Colonial? ¿Por qué no van las otras parejas?
6. ¿Qué hacen los padres en la plaza? ¿Qué piensa usted de esta costumbre?

OPINIONES

1. ¿Adónde van los jóvenes de la ciudad donde usted vive para buscar ligue? ¿Cuándo van y qué hacen allí?
2. Según su opinión, ¿son sexistas algunas partes de este artículo o las costumbres que el artículo describe? Explique.
3. ¿Cree usted que hay más o menos divorcio en una ciudad como Colotlán en comparación con una ciudad típica de Estados Unidos? ¿Por qué?

REPASO

TRADUCCIÓN EN CONTEXTO

Read through the following interview. Then, using vocabulary and idioms from this chapter, translate the answers to Spanish. Remember that translation demands great attention to detail. Don't expect to get everything perfect, but use this as a way of polishing your language skill.

ENTREVISTA CON UN ESTUDIANTE LATINOAMERICANO

PREGUNTA: ¿Cómo se llama usted? ¿Qué problemas tiene usted como estudiante? ¿la matriculación?

RESPUESTA: _____. (My name is Ricardo Moro Vidal. Registration at the State University is free. It's not a problem.)

PREGUNTA: ¿En qué facultad está usted?

RESPUESTA: _____. (At the moment I'm in law school because I don't want to make a decision now about my career.)

PREGUNTA: ¿Dónde vive usted? ¿En una residencia?

RESPUESTA: _____. (No, there aren't any dorms. I live at home with my parents, but I go to the café a lot and talk about politics with my friends.)

PREGUNTA: ¿Trabaja usted en el verano?

RESPUESTA: _____. (I always look for work in the summer. Sometimes I can only find a part-time job. Unemployment [layoff] is a major problem for students.)

PREGUNTA: ¿Tiene usted novia?

RESPUESTA: _____. (Yes, I have a steady girlfriend now, but perhaps I will change [use present tense] my mind tomorrow.)

HISTORIA EN DIBUJOS

Look at the following pictures. Then tell a story based on those pictures, using only the present tense.

FANTASÍA EN CINCO ACTOS

ENTREVISTA CON UN(A) COMPAÑERO(A) DE CLASE

Use three of the questions from the first exercise to interview the person sitting next to you. He or she should answer the questions as well as possible in Spanish. After five minutes, your teacher will ask you either to tell the class some information you have learned about your classmate or to write down that information.

CAPÍTULO TRES
TRES

EL MUNDO DE LA FIESTA

Preterite
Tense

Carta ilustrada desde Santiago

Last year, Miguel, an American art student of Spanish descent, went to Santiago, Chile, to visit relatives. After several months he sent a letter to his friend Natalia, who is studying Spanish at a university in the United States and is very interested in the language and customs of Latin America. See if you can read the letter, which follows.

Santiago, 18 de enero

Querida Natalia:

Estoy contento aquí en Chile. Los chilenos son amables y me fascinan sus costumbres. Llegué el 18 de septiembre, justo a tiempo para las Fiestas Patrias. Son dos días de fiesta que se celebran* para recordar la fecha en que Chile obtuvo la independencia de España, en 1810. Es costumbre decorar casas y vehículos (¡hasta las bicicletas!) con la bandera chilena, que es blanca, azul y roja. En todas partes hay pequeñas orquestas que tocan «la cueca» (el baile nacional) y en los parques y en las plazas se construyen «ramadas» (cafés hechos con ramas de árboles), donde se sirven comidas y bebidas típicas. Mis tíos me dijeron que es casi la

única ocasión en que todas las clases sociales se mezclan (combinan). Además, la policía — que en general es muy estricta — no arresta a los

borrachos (personas que toman bebidas alcohólicas con exceso) durante estas fiestas. Yo fui a cinco ramadas, probé (comí por primera vez) platos nuevos y bailé mucho.

Aquí no se celebra Halloween, pero el 2 de noviembre celebraron el Día de los Muertos y mucha gente fue al cementerio para «visitar» a sus queridos muertos y poner flores en sus tumbas, como te muestro en el dibujo *(drawing).* Fue un día de gran movimiento en todo el país porque muchas personas tuvieron que tomar autobuses, trenes o aviones para llegar a los cementerios donde están sus parientes. Me gustó esta costumbre porque creo que en Estados Unidos evitamos demasiado el contacto con la muerte y con los muertos. Mis tíos me dijeron que nuestra costumbre de hacer los velorios *(wakes)* en funerarias *(funeral homes)* no les parece natural. Los chilenos hacen casi siempre los velorios en sus casas.

Hice este dibujo la víspera (noche anterior) de Navidad, el 24 de diciembre. Decoramos el árbol de Navidad y a la noche se sirvió una comida excelente. Después cantamos villancicos (canciones de Navidad). Me divertí mucho. Mis primos pequeños (de cinco y ocho años) dejaron sus zapatos (y no sus calcetines) cerca de la ventana abierta (tienes que recordar que en Chile la Navidad es en verano, cuando hace buen tiempo). Ellos me dijeron: «El Niño Jesús y la Virgen nos van a traer regalos.» Yo me sorprendí porque estoy acostumbrado a Santa Claus. Mis tíos me explicaron que en algunas familias se usa Santa Claus, pero que es una costumbre «importada».

El 28 de diciembre tuve un susto *(scare)* terrible cuando leí estas palabras en el periódico: ANOCHE EEUU DECLARÓ LA GUERRA A CHILE.«¡Qué horror!» exclamé, pero mis tíos y primos empezaron a reírse y a gritarme «¡Inocente! ¡Inocente!» Me dijeron que ese día es el Día de los Santos Inocentes y que todo el mundo gasta bromas *(plays jokes)*, incluso los periódicos. La fecha

corresponde a una fiesta religiosa que conmemora un hecho de la Biblia: cuando Herodes ordenó la muerte de los niños inocentes de Judea. Yo expliqué que nosotros también tenemos un día para bromas, y que es el primero de abril.

Para celebrar la víspera del Año Nuevo, fuimos todos en auto a Valparaíso, una ciudad que es puerto de mar. Allí vimos un bonito espectáculo que traté de dibujar: fuegos artificiales que se lanzaron desde los barcos. A medianoche oímos las campanas de las iglesias junto con muchas sirenas y bocinas, y todos nos besamos y nos abrazamos. Yo hice dos promesas para el Año Nuevo: (1°) que voy a dejar de fumar (la misma promesa que hice el año pasado, ¿recuerdas?) y (2°) que voy a escribirte más a menudo.

Muchos saludos a tu familia.

Cariñosamente,

Miguel

*Nota de gramática

The word **se** (a reflexive pronoun meaning -*self*) has several different uses in Spanish. One of the most common is as a substitute for the passive voice. **Se** is used in this way several times in this article. In English one can say: *This meal is so easy that it almost cooks itself.* This is paralleled in Spanish: **Casi se cocina sola.** *(It almost cooks itself.)* However, this construction is much more common in Spanish than in English and is usually translated with the passive voice, since a literal translation would not make sense. For example, **Se celebran estos dos días** is translated as *These two days are celebrated.*

The verb in this construction is always in the third person. It is singular or plural to agree with the subject of the sentence. Notice that the subject often follows the verb.

COMPRENSIÓN DE LA LECTURA

Cierto o falso

Write **cierto** or **falso** in front of the following statements describing Chilean holidays and customs. Correct false statements to make them true.

1. _____ En septiembre, durante las Fiestas Patrias, se decoran las casas y los vehículos con la bandera chilena, que es blanca, azul y roja.
2. _____ Las «cuecas» son pequeños cafés al aire libre donde se sirven comidas y bebidas típicas.
3. _____ En Chile es común hacer los velorios en funerarias.
4. _____ En la víspera de Navidad, los niños chilenos dejan sus zapatos cerca de una ventana abierta.

5. _____ El 1° de abril se celebra en Chile el Día de los Inocentes, y se gastan muchas bromas.
6. _____ En la víspera del Año Nuevo, muchos chilenos van a ver los fuegos artificiales.

PREGUNTAS

1. ¿Adónde fue Miguel el año pasado?
2. ¿Qué hizo Miguel el 18 de septiembre para celebrar las Fiestas Patrias?
3. ¿Adónde fueron muchos chilenos el 2 de noviembre, el Día de los Muertos? ¿Por qué le gustó esta costumbre a Miguel? ¿Le gusta a usted o no?
4. ¿Cómo celebraron Miguel y sus parientes la víspera de Navidad? ¿Cómo la celebró usted el año pasado? ¿Se divirtió usted?
5. ¿Qué susto tuvo Miguel el 28 de diciembre? ¿Por qué gastan bromas ese día en Chile? ¿Qué broma gastó usted el 1° de abril del año pasado?
6. ¿Adónde fueron Miguel y sus parientes para celebrar el Año Nuevo? ¿Qué hicieron allí? ¿Por qué cree usted que aquí no se celebra el Año Nuevo con fuegos artificiales?
7. ¿Cómo celebró usted el Año Nuevo pasado? ¿Cree usted que Miguel va a cumplir sus promesas? ¿Hizo usted alguna promesa el año pasado?

GRAMÁTICA

¿Qué pasó en la fiesta?

Form sentences from the phrases in parentheses, using the impersonal **se** construction and the correct preterite form of the verb.

Modelo: (gastar bromas)
En la fiesta se gastaron bromas.

1. (gastar dinero)   En la fiesta _____.
2. (comer tacos)   En la fiesta _____.
3. (servir bebidas alcohólicas)   En la fiesta _____.
4. (servir una buena comida)   En la fiesta _____.
5. (tocar canciones alegres)   En la fiesta _____.
6. (beber mucho vino)   En la fiesta _____.

OPINIONES

1. ¿Cuál de los días de fiesta que se celebran en nuestra cultura es su favorito? ¿Por qué?
2. ¿Qué piensa usted de la costumbre de la policía chilena de no arrestar borrachos durante las Fiestas Patrias? ¿Qué hace usted si hay una fiesta en su casa y un amigo o una amiga está borracho(a)?
3. En general, ¿le gusta a usted ir a fiestas grandes o pequeñas? ¿Por qué?

Chiste

Tres borrachos prudentes

Tres hombres borrachos decidieron entrar en una taverna.
El primero entró con grandes dificultades, se sentó y pidió
un whiskey. El segundo entró con aun mayores dificultades,
pero finalmente se sentó y pidió una cerveza. El tercero no
pudo ni siquiera caminar. Se cayó en el suelo. El tabernero
les preguntó a los otros: —¿Qué quiere tomar su amigo?
—Nada para él —le respondieron— él maneja el auto.

La importancia de la danza

Anticipación de la lectura

Look at the title and illustration. Skim the short article in a few
minutes. Then answer the following questions.

1. What is the article about?
2. What aspect of this subject does the article present: (a) methods
   and styles, (b) legends and history, or (c) famous people
   associated with it?

As you read, try to determine the author's point of view toward this
subject.

Análisis de diferencias

Give a rough translation of the following sentences from the
reading, keeping in mind these differences between Spanish and
English: (1) In Spanish (but not in English), the subject often comes
after the verb. (2) Spanish uses the reflexive pronoun **(se)** in a
special way that does not occur in English: as a substitute for the
passive voice. (See **Nota de Gramática,** page 42.)

1. En México se explica su origen en una leyenda muy antigua.
   (líneas 1–2)
2. En esta forma nació la danza, como imitación directa de la
   naturaleza. (líneas 10–11)
   (Hint: The verb **nacer** [to be born] is active in Spanish, not
   passive as in English.)
3. En México también, en los tiempos prehispánicos, floreció la
   danza admirablemente. (líneas 20–21)
4. El baile debe enseñarse en todas las escuelas primarias como
   ahora se enseñan los deportes. (líneas 22–24)

La importancia de la danza

Luis Bruno Ruiz

La danza comienza en la naturaleza.° En México se explica
su origen en una leyenda muy antigua. Se cuenta° que
cierta vez un anciano° se sentó cerca de un río. De pronto
vio un objeto vivo en el agua. ¿Un cocodrilo? No, un
tronco de árbol que subía y bajaba° en el agua a intervalos
definidos. El anciano tomó su tambor° y siguió al ritmo de
las apariciones del tronco, batiendo° el instrumento.
Cuando el anciano llegó a su casa, volvió a* tocar su tambor
y su hija empezó a mover su delicado cuerpo al ritmo de la
música. En esta forma nació la danza, como imitación
directa de la naturaleza.

Está probado° que la primera expresión artística fue la
danza, pues el instrumento más cercano° al hombre es su
propio° cuerpo. Encontramos figuras de baile dibujadas° en
las cuevas° al nordeste de España, pertenecientes° a los
primeros tiempos de la edad neolítica.° Las volvemos a

la... *nature*
Se... *It is said*
hombre viejo

5 **subía**... *was rising and falling*
drum
by beating

10

proved
más... *closest*
own / drawn
15 *caves /* correspondientes
edad... *Neolithic Age*

encontrar entre los pueblos salvajes° australianos y en las antiguas tradiciones de la India. Además, hay referencias al baile en la Biblia y en los autores clásicos de Grecia.

En México también, en los tiempos prehispánicos, 20 floreció la danza admirablemente. Creemos que los mexicanos debemos volver a cultivar la danza. El baile debe enseñarse en todas las escuelas primarias como ahora se enseñan los deportes. Los deportes fortalecen° el cuerpo, pero también lo embrutecen.° El baile le da gracia.° Noso-25 tros, como los antiguos griegos,° debemos considerar la danza como parte esencial de la educación.

native

hacen fuerte
make brutish, rough / grace, gracefulness / Greeks

Del libro *Breve historia de la danza en México.*

EJERCICIOS

COMPRENSIÓN DE LA LECTURA

Frases para completar

1. Según este artículo, la danza comienza en
   a. las leyendas.
   b. la naturaleza.
   c. la escuela.
2. Un anciano se sentó cerca de un río y vio
   a. un cocodrilo.
   b. un tambor.
   c. un tronco de árbol.
3. Cuando el anciano tocó la música después, su hija empezó a
   a. bailar.
   b. dormir.
   c. cantar.

4. En el artículo se mencionan todos los siguientes países excepto
   a. Grecia.
   b. India.
   c. China.
   d. México.
5. Ahora en las escuelas primarias de México todos los niños tienen clases de
   a. música.
   b. deportes.
   c. baile.

Entrelíneas

Tell which of the following statements best expresses Bruno Ruiz's point of view toward his subject. Quote a part of the article that supports your choice. Then tell which point of view is closest to your own and why.

1. La danza es necesaria para ciertas personas pero no es esencial para todo el mundo.
2. La danza es un arte primitivo y hoy los deportes son más importantes.
3. La danza es una parte básica de la vida humana, en tiempos antiguos y modernos.

PREGUNTAS

1. ¿Dónde y cómo aprendió el anciano de la leyenda el primer ritmo de baile?
2. ¿Quién fue la primera persona que bailó?
3. Según el artículo, ¿cuál fue la primera expresión artística del hombre? ¿Por qué? ¿Está usted de acuerdo?
4. ¿Qué dice el autor sobre los deportes? ¿Qué opina usted?
5. ¿Qué piensa usted de los «videos»? ¿Es esta manera de presentar el baile una nueva forma artística o no?

GRAMÁTICA

Volver a + el infinitivo

Using the expression **volver a** with an infinitive instead of the italicized phrase, show another way of stating each sentence.

1. Ayer gasté mucho dinero *otra vez*.
2. *Otra vez* mis amigos me sirvieron una buena comida.
3. ¿Bailaron ustedes *de nuevo* en la fiesta de anoche?
4. Este año Roberto practica deportes *de nuevo*.
5. Pero, Marta, ¿llevas el mismo vestido *otra vez*?
6. Anoche nos divertimos *de nuevo*.

CONVERSACIÓN

1. ¿Qué persona famosa baila bien?
2. ¿Cuántas veces (más o menos) bailó usted el año pasado? ¿Por qué (no) le gusta bailar?

La Diablada de Oruro: Mito y religión

Anticipación de la lectura

Have you heard of the wild and colorful celebrations of feasting, dancing, and masquerade that are held in March or April on the Tuesday before the beginning of the Catholic season of Lent? The most famous of these are the "Carnaval" of Río de Janeiro and the "Mardi Gras" of New Orleans, but they occur in many other parts of the world, too. The following article describes one of the strangest of all. Look at the title and photos. Skim by reading the first two paragraphs and the headings. Then answer these questions:

1. Where does this celebration take place?
2. Who is the central figure of importance?
3. What are the two main traditions that have contributed to this festival?

Adivinar el sentido de las palabras en contexto

Practice the skill of guessing the meaning of words from context. Give a definition or description in English for each boldface word in the following excerpts from the article. Use the hints to guide you.

1. ...una de las fiestas más originales y **vistosas** de Sudamérica. (líneas 2–3)
   (Hint: Remember that **vista** means *view* or *sight*.)
2. ...estos indios... se ponen a bailar **incansablemente** al ritmo de charangos y otros instrumentos típicos. (líneas 7–9)
   (Hint: Remember that **cansar** means *to tire*.)
3. El Mito de los Andes cuenta que durante mucho tiempo, el antiguo pueblo de los Urus llevó una vida **disipada** pero, finalmente, conoció el **arrepentimiento:** un día cambió su manera de vivir y abandonó las malas costumbres. (líneas 18–21)
   (Hint: Both have English cognates, but the root of the second is hidden inside the Spanish word. The second half of the sentence explains its meaning.)
4. ...el demonio de los Andes, que... vive en los Abismos y es dueño de la **riqueza** mineral de la tierra. (líneas 38–40)
   (Hint: This noun is related to the adjective **rico** [*rich*]. Do you know why the c is changed to *qu*?)

5. …pero casi todos están de acuerdo en que, para la mayor parte de los indios, la Ñusta **se transformó** en la Virgen del Socavón (la madre de Jesucristo)… (líneas 46 – 49) (Recall the special use of **se** explained in the **Nota de Gramática** on page 42.)

La Diablada de Oruro: Mito y religión

Naldo Lombardi

Introducción

Este año como siempre, se celebró en Oruro (Bolivia) la famosa «Diablada»,° una de las fiestas más originales y vistosas de Sudamérica.

La población de Oruro está compuesta, en su mayor parte, por indios quechuas y aymaraes.° Todos los años, en tiempo de Carnaval, estos indios dejan su peligroso° trabajo en las minas y se ponen a bailar incansablemente al ritmo de charangos y otros instrumentos típicos. Los bailarines llevan disfraces° y máscaras multicolores que repre-

baile de diablos

5

quechuas… *two groups of Indians that once belonged to the Incan empire / dangerous*

10 *costumes*

Dos «diablos» de Oruro.

sentan figuras de la historia y de la mitología: incas, conquis-
tadores, sapos,° serpientes y, muy especialmente, diablos,   *toads*
centenares° de diablos. También este año llegaron muchos   *hundreds*
turistas a presenciar° la «Diablada», pero muy pocos   ver
entendieron el doble significado, la mezcla° de mitos indí-   15   combinación
genas° y tradición católica que tiene esta danza de diablos.   de los indios

Influencia del mito pagano

El Mito de los Andes cuenta que durante mucho tiempo, el
antiguo pueblo de los Urus llevó una vida disipada pero,
finalmente, conoció el arrepentimiento: un día cambió su   20
manera de vivir y abandonó las malas costumbres. Pero al
antiguo señor de los Urus, un espíritu maligno llamado
Huari, no le gustó este cambio y resolvió vengarse° de los   *to get revenge*
Urus.
   ¿Cómo se vengó? Envió contra ellos una serpiente y un   25
sapo gigantescos,° y un ejército de hormigas.° Pero en-   enormes / **ejército**... *army of*
tonces apareció una Ñusta (princesa inca), que transformó   ants
al sapo y a la serpiente en figuras de piedra y convirtió a
las hormigas en granos de arena.° Huari fue vencido° y los   *sand* / conquistado
Urus vivieron en paz.   30

Un bailarín representa la muerte.

Muy cerca de Oruro, algunas colinas,° unas rocas enormes con forma de sapo y de serpiente, y un arenal,° guardan el recuerdo de esta lucha.° Todavía hoy, mucha gente se reúne en esos lugares para cumplir° antiguos ritos.

La figura más importante de la «Diablada» es el diablo, que se deriva en parte del mismo Huari de la leyenda,° quien —una vez vencido— fue menos temible.° También se identifica con el *Supay,* el demonio de los Andes, que es malo pero no demasiado,° vive en los Abismos y es dueño de la riqueza mineral de la tierra. Por eso, los indios que trabajan en las minas le piden protección, lo llaman «Tío»° y le ofrendan° cigarrillos, alcohol y hojas de coca.°

hills
desierto
combate
hacer

legend
frightening

no… *not too much*

Uncle
make offerings of / **hojas**… *coca leaves*

35

40

Influencia de la religión cristiana

Hay algunas semejanzas° entre la Ñusta y la Pacha-Mama (Madre Tierra), deidad° de la fertilidad en Bolivia, Perú y parte del noroeste argentino; pero casi todos están de acuerdo en que, para la mayor parte de los indios, la Ñusta se transformó en la Virgen del Socavón (la madre de Jesucristo), patrona° de los mineros y figura central de la «Diablada». Los indios la llaman cariñosamente «Mamita del Socavón».

características similares
persona divina

patron saint

45

50

El programa del carnaval está compuesto por las danzas «diablescas» alternadas con ritos y dramatizaciones.° Una de las más interesantes de éstas se llama El Relato: representa el pasaje° de la Biblia cristiana que se refiere a la rebelión de los diablos contra Dios. Los personajes° principales son el Arcángel San Miguel, Satanás° y otros siete diablos que personifican —a veces cómicamente— los Siete Pecados Capitales:° Soberbia,° Avaricia, Envidia, Pereza,° Gula,° Ira° y Lujuria.°

short skits

sección
characters
nombre del diablo

Siete… *seven deadly sins* / *pride* / *laziness* / glotonería / *anger* / *lust*

55

60

Pero también en esta dramatización cristiana entra un elemento del mito prehispánico: una diablesa° pagana, la China-Supay (la tentadora),° que siempre está personificada° por un hombre. Lleva traje° de mujer, en general rojo, una pequeña corona° en la cabeza, una máscara con dos cuernos,° y baila de manera seductora.

mujer-diabla
temptress
acted / *clothing*
crown
horns

65

Los diferentes grupos que intervienen reproducen,° con complicados pasos,° la lucha entre los antagonistas. La primera batalla entre ángeles y diablos es terrible y termina con la victoria de Lucifer y sus demonios. Pero los ángeles atacan de nuevo, ayudados por la Virgen del Socavón, y vencen.

representan
steps

70

La mezcla de paganismo y cristianismo

En fin,° con «diablos», «ángeles», la Virgen del Socavón, la
China-Supay, animales conocidos y fantásticos, la «Diablada» representa la lucha entre el Bien y el Mal, donde al
final los buenos vencen. Es interesante comprobar° que se
trata de una fusión de mito prehispánico y religión cristiana,
en la cual es difícil reconocer las partes componentes con
claridad. Porque esa mezcla es un nuevo mito, el mito vivo
de un pueblo mestizo.°

    Unos versos anónimos que se cantan durante la «Dia-
blada» resumen claramente esta conjunción:°

> Venimos desde el infierno
> a pedir tu protección
> todos tus hijos los diablos,
> ¡Mamita del Socavón!

En... In short

75

saber

80

of mixed races

combinación

85

COMPRENSIÓN DE LA LECTURA

Los personajes de la «diablada»

Match each character on the left with the most appropriate definition.

1. _____ la Pacha-Mama
2. _____ la Pereza
3. _____ el Huari
4. _____ la Virgen del Socavón
5. _____ la China-Supay
6. _____ el sapo

a. Es el antiguo señor de los Urus que trató de destruirlos.
b. Fue transformado en una enorme figura de piedra.
c. Lleva un traje rojo, una máscara con dos cuernos y baila de manera seductora.
d. Es la deidad que representa a la Madre Tierra y a la fertilidad.
e. Ayuda a los ángeles a vencer a los diablos.
f. Es uno de los Siete Pecados Capitales, personificado por un actor en una dramatización.

Los años 80: la década de los refugiados

Los refugiados en la historia

Se calcula que hay 20 millones de refugiados en el mundo de hoy. Por eso muchos hablan de los años 80 como «la década de los refugiados». Pero en realidad el problema es antiguo. La Biblia describe las dificultades de los judíos, que tuvieron que salir de Egipto en el siglo 13 a.d.C. En tiempos más modernos, los abuelos, bisabuelos o tatarabuelos de muchos norteamericanos eran refugiados, porque salieron de países donde había guerra o persecución. Sin embargo, fue solamente en 1921, después de la Primera Guerra Mundial, que se reconoció por primera vez al refugiado como una clase de persona especial que necesita ayuda internacional. La Liga de Naciones nombró a un Comisario para la Ayuda de Refugiados y varios grupos participaron en buscar casa, comida y un nuevo país para millones de personas.

Un problema universal

En tiempos pasados los refugiados salían* de su patria casi siempre por razones religiosas. Hoy las razones son más variadas e incluyen discriminación racial, religiosa y política. En los años 60 y 70 hubo grandes movimientos de personas en casi todos los continentes. Entre las víctimas había grupos que eran minorías y que sufrían discriminación y persecución a causa de un nuevo énfasis en la identidad nacional: los chinos de Viet Nam, los Ibo de Nigeria,

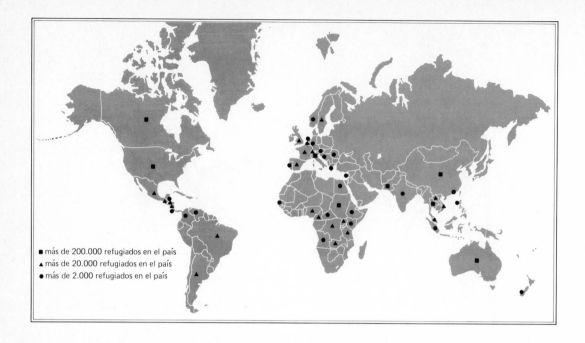

más de 200.000 refugiados en el país
más de 20.000 refugiados en el país
más de 2.000 refugiados en el país

los indios de África, los musulmanes de Burma, los judíos de la Unión Soviética, los palestinos de Israel, los blancos de ciertas partes de África. Había muchos refugiados de países comunistas como Polonia y Cuba, y otros muchos de países capitalistas como Chile y Argentina.

Entre el miedo y la miseria

La gran mayoría de los refugiados recientes no llegaron a una nación rica. Salieron de un país del Tercer Mundo a otro — es decir, de una sociedad muy pobre a otra sociedad muy pobre. Naturalmente, el país que los recibía tuvo muchas dificultades, pues la necesidad de darles comida, casa, agua, ropa y medicamentos a los refugiados quería decir a veces que sus propios ciudadanos tenían* que recibir menos. Los refugiados vivieron por semanas,

años o, en algunos casos, por generaciones en campamentos que a veces parecían prisiones, en malas condiciones y sin libertad para salir. Un muy pequeño porcentaje fue aceptado por un país rico como Estados Unidos o Canadá.

*Nota de gramática: Acciones repetidas o habituales

Notice that in this context the imperfect tense is used to show *repeated or habitual action* in the past. English doesn't have an imperfect tense, but it often shows repeated action in the past by using the words *used to* or *would* in front of the verb. If you can insert these words into the English, then you should use the imperfect tense in Spanish. The first sentence with an asterisk could be translated like this: *In the past, refugees would (used to) almost always leave their countries for religious reasons.* Can you translate the other two sentences with asterisks?

El papel de Estados Unidos

Estados Unidos acepta a más refugiados y gasta más dinero en ayudarlos que ninguna otra nación del mundo. Sin embargo, hasta hace muy poco, Estados Unidos aceptaba* casi exclusivamente a los refugiados de países comunistas.

Cientos de miles de cubanos que estaban descontentos con el comunismo de Fidel Castro llegaron en los 60 y fueron aceptados en seguida. Pero muy pocos chilenos lograron entrar cuando dejaron su patria a causa de la represión de la junta militar en 1971. Para obtener la clasificación de refugiado según la ley de 1969 era necesario ser o de un país comunista o del Medio Oriente. Esta situación cambió cuando se firmó el Acto de Refugiados en 1980. La nueva ley emplea la definición de un refugiado usada por las Naciones

Unidas: «una persona de cualquier parte del mundo que no puede o no quiere volver a su patria a causa de un miedo bien justificado de sufrir persecución por su raza, religión, nacionalidad, grupo social u opinión política.» Mucha gente cree que la nueva ley es más justa.

¿A cuántos refugiados debe aceptar Estados Unidos? Cada año desde 1980 el número de refugiados aceptados es más pequeño. Algunos dicen que no se trata de una falta de compasión. El problema es simplemente económico: no hay trabajo para muchos ciudadanos y la llegada de refugiados aumenta el desempleo. Otros afirman que es una lástima reducir el número de refugiados aceptados. Las personas pobres y desafortunadas también tienen derechos. Estados Unidos es una nación rica y poderosa y debe abrirles sus puertas.

COMPRENSIÓN DE LA LECTURA

Frases para completar

Complete each of the following statements about the reading by filling in appropriate words or phrases in Spanish. Try to do this without looking back at the reading. If necessary, reread the whole selection quickly first.

1. Los abuelos, _____ o tatarabuelos de muchos norteamericanos eran refugiados porque _____ de países donde _____ .
2. En los años 60 y 70, había muchos refugiados de países _____ y otros muchos de países _____ .
3. La gran mayoría de estos salieron de _____ y llegaron a _____ .
4. Muchos refugiados vivieron durante _____ en campamentos que parecían _____ .
5. En los años 70, muy pocos refugiados chilenos pudieron entrar en Estados Unidos porque _____ .
6. El nuevo Acto de Refugiados de 1980 define a un refugiado como una persona de _____ que no puede o no quiere _____ a causa de _____ .

PREGUNTAS

1. ¿Qué referencia hay en la Biblia cristiana a los refugiados?
2. ¿De dónde vinieron los abuelos de usted? ¿y sus bisabuelos? ¿y sus tatarabuelos? ¿Cree usted que algunos de ellos eran refugiados?

3. ¿Por qué podemos hablar hoy de los refugiados como un problema universal?
4. ¿Qué dificultades tienen los refugiados? ¿Qué dificultades tienen la mayoría de los países que los reciben?
5. ¿Por qué piensan algunos que Estados Unidos debe recibir a menos refugiados? ¿Por qué piensan otros que, al contrario, Estados Unidos debe recibir a más refugiados? ¿Qué piensa usted de esta cuestión?

GRAMÁTICA

¿Pretérito o imperfecto?

Circle the correct form of the past (either preterite or imperfect) for each of the following statements from the reading selection. It takes a while to get a feel for the differences between these two tenses, but the following guidelines may help you.

GUIDELINES FOR THE USE OF PRETERITE AND IMPERFECT

1. To express an action in the past that is thought of as a completed action or as one that occurred suddenly or in one specific moment, use the *preterite.*
2. To express an extended, often repeated, or habitual action in the past, use the *imperfect.* If you can put *used to* or *would* in the English translation (for repeated action) or *was* or *were** with an *-ing* form of the verb (for action extended over a period of time), use the *imperfect.*
3. To describe states, conditions, or emotions thought of as finished and complete or as happening suddenly at one point in time, use the *preterite.*
4. To describe states, conditions, or emotions thought of as extending over a vague or indefinite period of time, use the *imperfect.* This is more often the case with conditions and emotions, and so the *imperfect* is more frequently used when describing things or expressing emotion.

1. En 1921 se (reconoció / reconocía) por primera vez al refugiado como una clase de persona especial que (necesitó / necesitaba) ayuda internacional.
2. La Liga de Naciones (nombró / nombraba) a un Comisario para la Ayuda de Refugiados.
3. En tiempos pasados los refugiados (salían / salieron) de su patria casi siempre por razones religiosas.
4. Entre las víctimas había varios grupos que (fueron / eran) minorías y que (sufrieron / sufrían) discriminación.
5. Cientos de miles de cubanos que (estuvieron / estaban) descontentos con el gobierno comunista de Fidel Castro (llegaron / llegaban) en los 60.
6. Esta situación (cambió / cambiaba) cuando se (firmó / firmaba) el Acto de Refugiados el 17 de marzo de 1980.

---

* Sometimes other auxiliary verbs—such as *kept, kept on,* or *continued*—are used. See numbers 1 and 2 of exercise "En Palabras Directas" on page 77 for examples.

OPINIONES

1. ¿Cree usted que los refugiados de países comunistas deben recibir preferencia para entrar en Estados Unidos y Canadá? Explique.
2. ¿Qué piensa usted de la situación de las personas que salieron de su país de origen por razones económicas? ¿Son también refugiados? ¿Tenemos una obligación de ayudarlos o no? Por qué?

Dos entrevistas con refugiados

Anticipación de la lectura

The following interviews are of real persons living in the United States and Canada (the name and a few unimportant facts were changed in one of them because of that person's fear of possible reprisal). Take a few minutes to look over the text and photographs. Then answer the following questions.

1. Who are the two refugees being interviewed?
2. What kind of information do you expect to learn about them?
3. Do you think that their experiences were similar or different? Why?

Análisis de diferencias

One use of the *imperfect* tense is to show action extended over a period of time in the past. English generally uses the auxiliaries *was* or *were* (or occasionally a different one) and the *-ing* form of the verb to show this.

Modelo: **Y fue una decisión difícil porque <u>dejaba</u> a mi esposa e hijos detrás.**
And it was a difficult decision because I <u>was leaving</u> my wife and children behind.

Notice how much more sense it makes to translate the imperfect with *was* and the *-ing* form in this context than with a simple past tense. Translate the following sentences from the article in a similar way, paying special attention to the verbs indicated.

1. Finalmente, pude salir de Chile y fui a Argentina, donde mi marido me **esperaba...** (entrevista 1, líneas 23–24)
2. ¿Qué **hacías** en Cuba antes de venir? (entrevista 2, línea 1)
3. Empezaron a decirme que una buena parte de la información que yo **daba** era anti-revolucionaria y que no **ayudaba** al nuevo régimen que se **establecía** en Cuba. (entrevista 2, líneas 7–9)

4. Me **iban** a permitir recibir la promoción presente... (entrevista 2, línea 17)

5. **Vivía** en casa de unos españoles que me **daban** la cama y un vaso de leche diario por esa cantidad [de dinero]. (entrevista 2, líneas 36 – 38)

Entrevista 1: Con Graciela Valdarrama, una chilena de Edmonton

Llanca Letelier Montenegro

—¿Por qué saliste de Chile?

Yo no tuve otra opción que irme o la carcel.° Yo pertene-
cía° a un partido del gobierno de Allende† y cuando el
golpe° militar se llevó a efecto, fui destituida.° La parte
más humillante fue el día en que se me comunicó la decisión. Tuve que dejar mi oficina en diez minutos (yo estaba
a cargo de una oficina regional) y en la puerta en presencia
del resto del personal fui registrada° «minuciosamente» por
soldados que tocaban mi cuerpo en partes absolutamente
innecesarias bajo las sonrisas y cuchicheos° del resto de
los presentes.

prisión
era miembro de
coup / echada del trabajo

5

searched

10 comentarios en voz baja

† Salvador Allende was head of the elected socialist government of Chile, which was overturned by a coup in 1971. A military government was then established.

Algunas iglesias de los Estados Unidos han ayudado a refugiados ilegales como éstos de El Salvador, quienes se tapan la cara por miedo de ser identificados. Mucha gente siente un conflicto entre el mensaje cristiano y la política de su país.

—¿Tuviste otros problemas a causa del cambio de gobierno?

Los soldados registraban mi casa a diversas horas del día o de la noche. Siempre me informaban cortesmente que «Son órdenes. Lo siento».° Mi marido fue buscado y acusado de «traición» y tuvo que huir° a Argentina. En caso de las cartas, éstas eran abiertas y en algunas ocasiones ciertas frases eran tachadas,° y en el sobre había un timbre que decía «por Autoridad Militar».

—¿Cómo llegaste al Canadá?

La situación en Chile se hizo imposible. No tenía trabajo. La gente tenía miedo de hacer contacto conmigo. Estaba aislada. Finalmente, pude salir de Chile y fui a Argentina, donde mi marido me esperaba. Allí estuvimos un rato, tratando de encontrar algún país que nos quisiera° recibir. Yo hablo fluentemente alemán, pero mi inglés era mediocre. Mi marido sabía algo de francés y un poco de inglés. Finalmente, fuimos aceptados por Canadá.

—¿Cómo fue la llegada a Canadá?

Cuando llegamos a Canadá, teníamos mucho miedo. Nuestro mayor problema, además del idioma, fue que toda nuestra preparación académica no valía nada. Aun ahora, después de siete años en este país, yo trabajo como técnico en un laboratorio con un sueldo° realmente bajo, y en Chile yo era ingeniera agrónoma.° Mi marido también trabaja y tiene un sueldo inferior a $1.800, que para una familia de cinco no es suficiente.

—¿Es diferente la sociedad canadiense de la chilena?

En ciertas cosas, sí. La amistad es un poco más «fría» pero más honesta. En lo que respecta a la familia, en Chile teníamos la familia extensa. Tu familia era la prima de tu prima, y los sobrinos de tu tía abuela° tanto como tus parientes inmediatos. Cuando tía Pepa quedaba viuda,° alguien de la familia se la llevaba a vivir en su casa. Alguien se moría y «toda la familia» iba al entierro° como también a las bodas.° Todos nos conocíamos. Aquí las familias no son tan unidas.

—¿Qué te gusta en Canadá?

Me encanta la dinámica de la burocracia, como también la aparente falta* de corrupción en la administración pública y la falta de abuso de autoridad.

—¿Qué extrañas° de Chile?

Muchas cosas. Extraño las presentaciones teatrales, el cine más variado. Las reuniones familiares, el diario contacto con amigos a la hora de almuerzo, la diaria reunión del café...

15	**Lo...** *I'm sorry*
	escaparse
	crossed out
20	
25	**que...** (imp. subj. because of indefinite reference) *that might want us*
30	
	salario
35	de agronomía
40	
	tía... la hermana de tu abuela
	una mujer que tiene el esposo muerto
45	funeral
	celebraciones matrimoniales
50	
	do you miss
55	

Soñé° que el gobierno de mi país cambiaba y nosotros volvíamos. Todo era diferente pero aun así era mejor que estar acá. Pues, en alguna forma éramos más «personas» allá.

I dreamed

Entrevista 2: Con Filiberto Alfredo López, un cubano de Boston

Ana Alomá Velilla

—¿Qué hacías en Cuba antes de venir?

Era director del Instituto Nacional de Educación Física y trabajaba simultáneamente en la Universidad de La Habana.

—¿Qué situación tenías una vez que el gobierno revolucionario tomó posesión de la autoridad?† 5

Inmediatamente se notó una falta de libertad académica. Empezaron a decirme que una buena parte de la información que yo daba era anti-revolucionaria y que no ayudaba al nuevo régimen que se establecía en Cuba. Poco a poco me fueron cerrando el círculo. 10

—¿Cuándo decidiste marcharte de Cuba?

Un director del nuevo gobierno me vino a ver para proponerme ir a estudiar seis meses en Checoeslovaquia y seis meses en Leningrado. Pedí tres días para decidir. Consulté con mi familia y mis amigos. La respuesta° fue 15 *answer* negativa. El director me dijo que eso era traición a la

† In 1959 the dictatorship of Batista was brought to an end in Cuba by a revolution. Fidel Castro came to power shortly afterward and has remained as head of state.

Revolución. Me iban a permitir recibir la promoción presente
—dijo— pero «tenemos que evaluar su futura posición».
Desde ese momento, sabía que tenía que abandonar a Cuba.

Mi posición me creaba una situación difícil. Era evi- 20
dente que si no se hacía lo que ellos decían, uno no podía
vivir en Cuba. Además, los encarcelamientos,° los Tribu- *imprisonments*
nales Revolucionarios que no se podían apelar° y los *appeal*
fusilamientos° diarios hacían la vida de una persona que no *ejecuciones*
apoyara° al gobierno totalmente imposible. 25 **que...** (imp. subj. after
—¿Cuándo viniste? indefinite reference) *who*
didn't support

En junio 5 de 1961. La decisión fue cosa de un sábado
para un lunes. Y fue una situación difícil porque dejaba a
mi esposa e hijos detrás. Salí muy temprano, en el primer
vuelo° de la mañana. 30 salida del avión
—¿Cómo te sentiste cuando llegaste aquí?

Liberado de la presión que estaba experimentando* en
los últimos tiempos y disfrutando° de los aires de libertad. *gozando*
—¿Tuviste problemas económicos?

Bastante serios. Viví varias semanas a base de un dólar 35
diario que una hija que tenía en Miami me podía dar. Vivía
en casa de unos españoles que me daban la cama y un vaso
de leche diario por esa cantidad. Empecé a luchar.° Me *combatir*
alimentaba con comidas que daban las iglesias, especialmente con la ayuda de un pastor luterano. Casi dos meses 40
estuve así. Una vez me caí en la calle y se regó° por el *(it) spilled*
suelo° toda la comida que llevaba. *tierra*
—¿Qué pasó después?

Bueno, pues a los seis u ocho meses pude traer a mi
esposa y mi otra hija. Para entonces estaba trabajando en 45

El barrio cubano en Miami.

los parques de recreación de Miami. Empecé a moverme
hacia las labores académicas otra vez. Tomé un curso en la
universidad. Después tomé cursos de enseñanza de español
en un *college*.

—¿Sentías nostalgia de Cuba?   50

  Mucho, especialmente en el primer año.

—¿Qué hiciste después?

  Trabajé dos años como ayudante al profesor en varias
escuelas. Decidimos irnos para Boston, donde teníamos familia, y cuando llegué a esta ciudad trabajé como pintor de   55
brocha gorda° por dos años, hasta que me relacioné de   **pintor...**(house or wall) *painter*
nuevo con los medios educacionales. Trabajé como *lecturer*
en la universidad por dos años y después conseguí una
plaza° de profesor de español en una secundaria, donde   empleo
trabajé hasta mi jubilación.°   60 *retirement*

—¿Cómo te sientes ahora?

  Estoy aclimatado. Me jubilé hace dos años° y ahora estoy   **hace...** *two years ago*
haciendo política. Durante estos años he trabajado la
radiodifusión en español. Todavía trabajo en Boston en la
radio los sábados en un programa de noticias.   65

EJERCICIOS

COMPRENSIÓN DE LA LECTURA

Entrelíneas

Besides comprehending what is said directly, we also need to read "between the lines," to understand what is implied. An inference is a generalization or conclusion that is not stated but may be inferred as probable from the information given. Put **sí** in front of the statements that express valid inferences from the interviews and **no** in front of those that do not. Be prepared to show evidence from the reading to support your choice.

1. _____ A veces una persona está obligada a adoptar una posición política.
2. _____ En realidad, los refugiados salieron de sus países de origen porque querían salir.
3. _____ Una persona de otra cultura siempre extraña ciertas cosas de su país de origen.
4. _____ Los refugiados son perezosos y esperan llevar una vida fácil a costo del gobierno de su nuevo país.
5. _____ Los refugiados de la clase media que llegan con una buena preparación académica no tienen grandes problemas en el nuevo país.

PREGUNTAS

Entrevista 1

1. ¿Qué problemas tenía Graciela en Chile? ¿Cuál le parece a usted el peor?
2. ¿Por qué cree usted que ella tenía miedo cuando llegó a Canadá?
3. ¿Cómo era diferente la sociedad chilena?
4. ¿Qué aspectos de la vida canadiense le gustaban?
5. ¿Cómo interpreta usted el sueño que tuvo Graciela?

Entrevista 2

1. ¿Qué problemas tenía Filiberto en Cuba? ¿Cuál le parece el peor?
2. ¿Cómo vivía al principio en Estados Unidos? ¿Quiénes lo ayudaron?
3. ¿Cuándo pudo traer a su esposa y a su otra hija?
4. ¿En qué empleos trabajó? ¿Cuál de estos trabajos le parece a usted el más difícil?
5. ¿Dónde vive y qué hace Filiberto ahora?

VOCABULARIO

¿Cognados verdaderos o falsos?

Tell which of the following cognates taken from the interviews are *deceptive* or *false cognates* and how they could be misinterpreted. Line numbers are given in case you need to check back on the context or marginal notes.

Etapa 3: El conflicto de identidad

Pasó más tiempo. El refugiado tuvo muchas experiencias   70
en su nuevo país, que ahora le parecía más familiar. Él
conocía y podía prever,° ya, gran parte de la conducta de   anticipar
los otros. La lengua que en un principio le parecía ininteli-
gible* comenzaba a ser un medio de comunicación. Generalmente, estaba ocupado en alguna actividad que lo   75
conectaba a la realidad social.

   Desde una mirada externa, por ejemplo la de los parientes
o amigos que venían desde el exterior a visitarlo, su adaptación a la nueva cultura parecía total.

   Sin embargo, en las entrevistas o en las conversaciones   80
cotidianas,° los refugiados expresaban una sensación   de todos los días
generalizada de insatisfacción,* un conflicto de identidad.
Había un sentimiento interno de quiebra° o pérdida° del   *breaking apart / loss*
sentido de la vida.

   Yo sabía inglés y eso me daba una seguridad enorme. No   85
me sentía sola porque tenía un grupo de compañeros
excelentes. Todo eso empezó a cambiar no sé muy bien
cómo ni por qué, pero yo empecé a sentirme insegura.*
Nuevamente todo se me puso en duda, el problema de
las normas, de cómo podía entender esta nueva realidad.   90

   Entre las «cosas» perdidas estaba, a veces, el nombre,
punto básico de la identidad. Es una experiencia desagra-

dable* escuchar el nombre de uno mil veces repetido por voces extrañas que lo pronuncian de un modo irreconocible:* 95

Cada vez que digo mi nombre y veo la mirada vacía del otro, siento como si él me borrara.° Estas pequeñas negaciones cotidianas de uno mismo son como pequeñas muertes que uno sufre.

como... (imp. subj. after expression of unreality) *as if he were erasing me*

El refugiado, generalmente, tenía un pequeño «discurso° de presentación» que repetía con entusiasmo al principio y, pasado el tiempo, con profundo cansancio:°

100 conferencia

fatiga

Quisiera° no tener que explicar siempre que Uruguay, mi país, no está en África, ni en Asia, sino en América del Sur.

(imp. subj. for politeness) *I would wish*

Etapa 4: Crisis de identidad

105

Existen diferencias entre conflicto y crisis. El conflicto de identidad era un proceso común a todos los refugiados observados, con variantes individuales. Variaba también en su duración entre algunos meses o años. No obstante, la persona que pasaba por esta etapa llevaba una vida normal, 110 observaba, tomaba decisiones, pensaba, resolvía problemas, etc.

Otra etapa era la de la crisis. Ésta se caracterizaba por la imposibilidad* de llevar una vida normal. Algunos de los refugiados entraron en un período de crisis de identidad. 115 Fue el momento en que la pregunta «¿Quién soy yo?» adquirió una profunda y dramática significación.

Como en todas las crisis profundas, en ésta hay siempre un riesgo,° un riesgo de la locura y de la muerte, pero la crisis también implica la posibilidad de crecer.°

risk

120 *growing*

Hubo algunos que se suicidaron o se volvieron locos a causa de esta etapa, un porcentaje pequeño pero significativo. Había otros que salieron de la crisis por medio de una integración falsa. Un ejemplo es aquel latinoamericano que después de algunos años se «transformó» en norteameri- 125

cano. Se olvidó de su lengua y cultura y adoptó compulsivay rígidamente los valores del nuevo país. Ya no podía
hablar su propia lengua y no dominaba la extranjera;° peor   de la otra cultura
aun, a veces mezclaba ambas. No era un individuo bilingüe,
sino semilingüe. Su grupo de connacionales no lo aceptaba   130
totalmente y la aceptación de los ciudadanos del nuevo
país era provisional.

   Un tercer grupo consistía en los refugiados que de alguna
manera lograron pasar por la crisis, crecer emocionalmente
y reorientar su vida en el nuevo país.   135

   Cabe señalar° que no hay un estado ideal de bicultura   **cabe...** Es necesario indicar
lismo, es decir, la existencia y el equilibrio de dos culturas
en un mismo individuo. En los refugiados que lograron
adaptarse con éxito parecía más bien un proceso permanente, con retrocesos° y avances.   140 *regressions*

EJERCICIOS

COMPRENSIÓN DE LA LECTURA

Recapitulación

Fill in each blank with any appropriate word or phrase to complete the summary of the main ideas of the article. Try to do this without looking back. If necessary, reread the article quickly first.

RESUMEN DEL ARTÍCULO

El tema del artículo es la _____ psicológica de los _____ a la cultura de su nuevo país. Hay cuatro _____ diferentes. La primera fue la _____. La salida de su patria y los nuevos estímulos producían generalmente en el refugiado un sentimiento de _____. Otra constante de esta situación inicial era el _____ a lo desconocido. La segunda etapa era la «_____ _____ _____» con el nuevo país. El refugiado empezó a descubrir _____. Pasó más tiempo y el nuevo país ya le parecía más _____ al refugiado. Sin embargo, él pasó a la tercera etapa, que se llama el _____ _____. El refugiado sentía que había muchas cosas _____, por ejemplo, a veces, su nombre. La cuarta etapa era la de la _____ _____. Las personas que estaban en esta etapa no podían llevar una vida _____. Algunos se volvieron _____ o se suicidaron. Por otra parte, algunos refugiados lograron _____ con éxito.

PREGUNTAS

1. ¿Qué dificultades tenían los refugiados en la primera etapa de su adaptación?
2. ¿Por qué son diferentes la experiencia de un(a) refugiado(a) y la de un(a) turista?
3. ¿Qué es el «choque cultural»? ¿Sintió usted alguna vez un choque cultural, quizás cuando era turista?
4. ¿Por qué se llama «luna de miel» a la segunda etapa? ¿Qué aspectos de la nueva cultura le gustaron al (a la) refugiado(a) en esta etapa?
5. ¿Qué extrañaba la refugiada latinoamericana cuando andaba en una ciudad norteamericana? Según su opinión, ¿son realmente importantes estas cosas o no?
6. ¿Qué problema tenía el refugiado de Uruguay? ¿Cree usted que ése es un problema común? ¿Por qué?
7. ¿Por qué no era buena la adaptación del latinoamericano que se «transformó» en norteamericano?

¿PRETÉRITO O IMPERFECTO?

The following excerpts are direct quotes from the refugees, but with some blanks put in. Fill in the correct forms of the verbs in parentheses, either preterite or imperfect, according to the context. (If you want, consult the Guidelines on page 46.) Do this exercise without looking back; then check your work by scanning the article for the quotations.

EN PALABRAS DIRECTAS

1. (I kept walking) _____ por las calles con mucho miedo, me acuerdo que (I was looking at) _____ las luces, los letreros, (I didn't understand) _____ nada...
2. Cuando (I arrived) _____ a esta ciudad, (I felt — in the sense of suddenly getting the feeling at the moment of arrival) me _____ ahogada, una ciudad enormemente extendida como muchas de las americanas, con casas que (seemed) _____ todas iguales... (I kept searching for) _____ un «centro», como nosotros conocemos, y una plaza principal, con negocios a la calle, con colores y ruido...
3. Hay cosas que (I liked) me _____ desde el primer momento. Cada vez que iba a las oficinas públicas... y me atendían rápida y amablemente... me acordaba de las interminables filas que (I used to wait in — use verb **hacer**) _____ en mi país y de cómo (I used to feel) me _____ humillada cuando (I would have to) _____ rogar para lograr cosas que (were) _____ mi derecho.

VOCABULARIO

Antónimos

Write antonyms for the following words, using a suffix. The first one is given as an example.

1. ventaja   desventaja
2. agradable   _____
3. seguro(a)   _____
4. posibilidad   _____
5. conocido(a)   _____
6. inteligible   _____
7. contento(a)   _____
8. satisfacción   _____
9. reconocible   _____

OPINIONES

¿Cree usted que un(a) refugiado(a) que tiene un nombre muy diferente debe cambiarlo por un nombre más «normal»? Por ejemplo, ¿qué debe hacer un chico que vive en Estados Unidos y se llama Ángel o Jesús? ¿una chica llamada Refugio o Rosario? ¿Por qué?

ACTIVIDAD

Teatro en la clase

Imagine that you are a refugee. Invent a name, country of origin, and identity for yourself. Make up a few sentences in Spanish to say to the class, telling about yourself. Then describe or act out some "symptoms" of being in one of the four stages described in the article. The class should try to guess what stage you are in. Perhaps some will act as psychologists (**psicólogos[as]**) and ask you questions or give you advice—en español, ¡por supuesto!

REPASO

¿PRETÉRITO O IMPERFECTO?

Review the uses of the preterite and imperfect at the same time that you learn about a group called the "Marielitos" by filling in the blanks of the story with the correct preterite or imperfect form of the verbs in parentheses. Guidelines for these tenses are given on page 46.

LOS «MARIELITOS»

En 1980 un grupo de 120.000 cubanos (salir) _____ del puerto de Mariel en Cuba y (llegar) _____ a Florida en Estados Unidos, donde (pedir) _____ asilo. Por eso, (construirse) _____ campamentos temporales en Arkansas, Wisconsin y Florida. Muchos de los refugiados (tener) _____ parientes que ya (vivir) _____ en Estados Unidos. Éstos (dejar) _____ los campamentos rápidamente, y algunos, con la ayuda de su familia, (obtener) _____ trabajo. Pero en el grupo también (haber) _____ varios miles de hombres sin familia y algunos de ellos (ser) _____ criminales y otros, personas que (sufrir) _____ de problemas mentales. Mucha gente (cree) _____ que Fidel los había puesto en libertad (had freed them) porque (saber) _____ que (ir) _____ a causar problemas en Estados Unidos. Pues, los problemas (llegar) _____.

Uno de los campamentos (estar) _____ en Fort Chaffee en Arkansas. (Parecer) _____ una prisión y muchos soldados y policías lo (guardar) _____. Las condiciones (ser) _____ malas, con ningún lugar privado y una rutina monótona. Un día en junio, la violencia (empezar) _____. Muchos de los hombres (tirar) _____ piedras (threw stones) a los soldados y luego (destruir) _____ los edificios. Finalmente, la situación se (calmar) _____, pero un año después, los hombres del campamento (volver) _____ a hacer lo mismo.

Un resultado muy triste de estos incidentes es que muchos norteamericanos (formar) _____ una mala opinión de todos los refugiados a causa de las acciones de un pequeño grupo. La mayoría de los Marielitos (ser) _____ personas sinceras que (buscar) _____ libertad y un mejor modo de vivir. Tenemos que entender que ningún estereotipo sirve para definir un grupo en su totalidad.

INVENCIÓN DE FRASES

See how many sentences you can make up by combining one or more words or phrases from each column, starting with **el refugiado** and filling in extra words as needed.

Modelo: **El refugiado obtuvo un trabajo en el aeropuerto.**

The sentences can be made more interesting by adding more of the words and phrases, making them negative, compound, or both.

Modelo: **El refugiado obtuvo un nuevo trabajo y una nueva esposa en el aeropuerto el primer día y después de unas semanas, experimentó una gran confusión.**

el refugiado (no)	encontrar	familia	en el aeropuerto
	perder	miedo	con grandes dificultades
	buscar	país	con toda su alma
	experimentar	trabajo	grande / pequeño(a)
	obtener	identidad	en la ciudad
	querer	comida	difícil / fácil
	tener	ayuda	fácilmente
	ver	casa	después de unas semanas
	necesitar	esposa	el primer día
	abandonar	libertad	nuevo(a) / viejo(a)
	hablar de	confusión	con urgencia
	extrañar	abuela	en la cárcel
	comprar	dinero	por razones religiosas / económicas / políticas

COMPARACIONES

Write down five of the best sentences you can think of from the above exercise. Then compare your sentences with those of your classmates and decide which sentence qualifies for each of the following categories: (1) la frase más interesante, (2) la frase más larga, (3) la frase más increíble.

CAPÍTULO CINCO

EL MUNDO DEL FUTURO

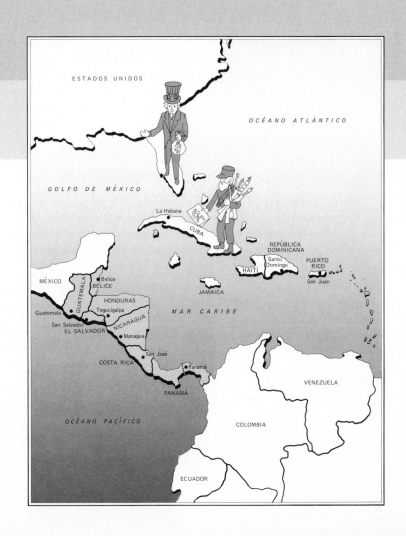

Future and Conditional Tenses

¿Cómo será el futuro político de Latinoamérica?

Hoy es el mañana de ayer. El año 1984, descrito en el famoso libro de ciencia-ficción de George Orwell, ahora es parte del pasado. El autor inglés escribió su novela *1984* en 1948; en ella, presentó una visión terrorífica de cómo sería el mundo en 1984: un mundo dominado por un gobierno totalitario con control sobre todos los seres humanos. Es un buen momento, entonces, para pensar en la situación de Latinoamérica, una región caracterizada históricamente por la presencia de gobiernos represivos. Podemos plantear ciertas preguntas: ¿cúal es la realidad política en Latino-américa ahora? ¿Cómo será su futuro? ¿Se cumplirán allí las horribles predic-ciones de Orwell?

Una escena de la película basada en la novela 1984.

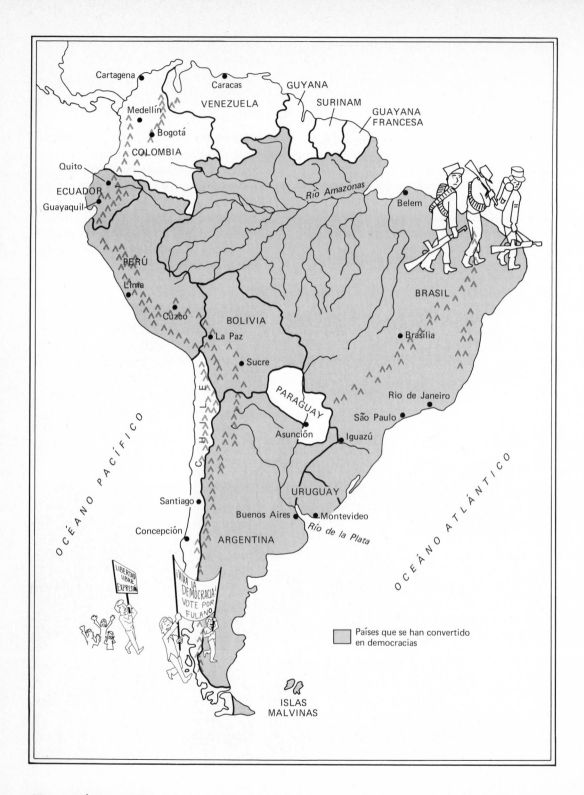

Países que se han convertido
en democracias

En 1979 un grupo llamado *sandinistas* derribó al dictador nicaragüense, Somoza, y estableció un gobierno socialista que tiene cordiales relaciones con algunos regímenes comunistas pero que al mismo tiempo permite cierta democracia relativa. El gobierno sandinista tiene grandes problemas económicos y militares ahora, debido en parte a la enemistad con los norteamericanos. Estados Unidos ayuda a varios grupos militares, llamados *contras,* que esperan en Honduras el momento oportuno para invadir el país. Al mismo tiempo, Cuba manda miles de instructores militares y mucho dinero a los sandinistas. Nosotros predecimos que el gobierno sandinista llegará a un acuerdo con Estados Unidos y seguirá un camino intermedio entre el socialismo y la democracia.

México

Finalmente, llegamos a nuestro vecino más cercano, México, que goza de un gobierno estable y popular desde hace más de cincuenta años. Quizás su forma especial de gobierno se podría describir como una democracia dominada por un solo partido, el PRI (Partido Revolucionario Institucional). Hay elecciones regulares que incluyen partidos de oposición; sin embargo, siempre ganan los candidatos del PRI. El presidente tiene poderes amplios y es elegido por un período de seis años, pero no puede ser re-elegido, y así se evita la posibilidad de una dictadura. A pesar de su crisis económica actual, pensamos que México debería continuar sin grandes alteraciones hasta el final del siglo.

EJERCICIOS

COMPRENSIÓN DE LA LECTURA

Cierto o falso

Escriba **cierto** ante las frases que son ciertas y **falso** ante las frases que son falsas con respecto al artículo. Corrija las frases falsas.

1. _____ Los tres países del Cono Sur de América Latina son Argentina, Uruguay y Colombia.
2. _____ Probablemente habrá una mejora en el nivel económico de Paraguay gracias a dos nuevos proyectos hidroeléctricos.
3. _____ En años recientes en el norte de Sudamérica, se nota una tendencia al avance de las dictaduras.
4. _____ El único país comunista en el hemisferio es Guatemala.
5. _____ El gran problema de los países centroamericanos es que los países poderosos nunca los ayudan cuando tienen disputas.
6. _____ Después de leer este artículo, podemos inferir (hacer la inferencia) que el autor es optimista.

PREGUNTAS

1. Según la novela de George Orwell, ¿cómo sería el mundo en 1984? ¿Cree usted que se cumplieron en parte sus predicciones?
2. ¿Está mejor o peor la situación política en el Cono Sur, en comparación con los años 70? ¿Por qué?
3. ¿Dónde está Paraguay? ¿Qué forma de gobierno tiene? ¿Por qué cree usted que su situación geográfica no es muy buena?
4. ¿Por qué es relativa la palabra *democracia* cuando se refiere a Centroamérica?
5. En la guerra civil de El Salvador, ¿de qué lado está Estados Unidos ahora, del lado del gobierno o del lado de los guerrilleros? ¿Y en Nicaragua? ¿Por qué hay esta diferencia?
6. ¿Diría usted que México es una democracia o no? ¿Por qué?

LOCALIZACIÓN DE DATOS

Busque los siguientes datos específicos en el artículo o en las ilustraciones.

1. Los cinco países que forman el Pacto Andino: _____, _____, _____, _____ y _____.

2. El año en que George Orwell escribió la novela *1984:* _____.
3. El nombre del partido dominante en México: _____.
4. Los siete países que componen Centroamérica: _____, _____, _____, _____, _____, _____ y _____.
5. El nombre del dictador chileno que dijo que seguiría en el poder hasta 1989: _____.
6. El nombre del único país latinoamericano que no tiene ejército: _____.

OPINIONES

1. ¿Tendría usted miedo de visitar algunos de los países latinoamericanos en el momento actual? ¿Por qué?
2. ¿Qué son las guerrillas? ¿Qué es un guerrillero? Según su opinión, ¿por qué hay guerrillas en América Latina?
3. La política latinoamericana tiene reputación de ser muy volátil. ¿Sabe usted si hay algún cambio reciente en la situación allí?

COMPOSICIÓN

Escriba usted tres frases sobre las predicciones que aparecen en el artículo, usando el tiempo condicional en la segunda parte.

Ejemplo: **La predicción del artículo sobre Chile fue que volvería a un gobierno democrático.**

PINOCHET SE VA QUEDANDO SOLO.

La ciudad del futuro

Anticipación de la lectura

Mire el siguiente artículo rápidamente por dos o tres minutos.
Luego, conteste a las preguntas.

1. ¿De qué aspecto de la ciudad del futuro se habla en el artículo: de la arquitectura, de la tecnología o de los cambios sociales?
2. ¿Cómo describiría usted el punto de vista del autor? ¿Es optimista o pesimista? ¿Por qué?

Análisis de diferencias

Lea los siguientes puntos sobre las diferencias entre inglés y español. Luego, aplíquelos en sus traducciones de las frases tomadas del artículo.

DE + **EL INFINITIVO** = *IF* CLAUSE: En español se usa la preposición **de** más un infinitivo para expresar una condición no muy probable. Esta construcción se traduce al inglés como una cláusula que empieza con *if*.

Ejemplo (tomado del artículo): **De mantenerse el sistema actual, la humanidad quedaría...**
If the present system were maintained, humanity would wind up...

SE + **EL VERBO EN TERCERA PERSONA** = PASSIVE VOICE: Véase la página 42.

1. De seguir con el sistema actual, los cementerios ocuparían una extensión cada vez mayor de terreno.
2. ¿O se construirán —como se está haciendo en Tennessee, Estados Unidos— rascacielos-cementerios, de 20 pisos cada uno?
3. Por computadora y por televisión se podrán también hacer todas las compras, los pagos, los depósitos bancarios —el dinero casi no circulará.
4. De vivir en una de estas ciudades, el hombre tendría a la puerta de su casa una despensa abundante de alimentos (peces, algas).

La ciudad del futuro

La cuestión

El hombre no está contento con las monstruosas ciudades de hoy. La gran urbe° del mundo moderno se ha convertido en un verdadero desastre humano. De mantenerse el sistema actual,° la humanidad quedaría formada por millones de seres° neuróticos, aniquilados° por la contaminación. Entonces, ¿qué vendrá? ¿Cómo serán o cómo deberían ser las ciudades del futuro?

ciudad

5 presente
beings / destruidos

*El modelo para una ciudad
flotante que se construirá en
el mar, por el arquitecto
japonés Kikutake.*

Los cambios

Al imaginar° hoy las ciudades del futuro, es necesario
primero pensar en los cambios sociales y en los adelantos°
tecnológicos que probablemente vendrán en los próximos
treinta o cincuenta años.

    Por ejemplo, ¿continuará el sistema de propiedad°
privada o se implantará un régimen socialista? ¿Seguirá el
hombre con el uso irracional del automóvil? ¿O usará
transportes colectivos subterráneos? ¿O aceras rodantes?°

    ¿Y qué será de° los muertos? De seguir con el sistema
actual, los cementerios ocuparían una extensión cada vez
mayor de terreno. ¿Se comenzará la incineración° de
cadáveres como costumbre general? ¿O se construirán
—como se está haciendo en Tennessee, Estados Unidos—
rascacielos-cementerios, de veinte pisos cada uno?

    Grandes cambios se producirán también en el ámbito
laboral.° La gente tendrá mucho más tiempo libre porque la
semana de trabajo se reducirá a 30 horas. Esta tendencia
culminará en la «civilización del ocio»° para la cual será
necesario construir innumerables centros deportivos,
artísticos y culturales.

    Aumentarán° también los servicios. El ama de casa°
podrá elegir diariamente° su menú por medio de una
computadora. Desde una cocina central le prepararán y
llevarán las comidas. Por computadora y por televisión se
podrán también hacer todas las compras, los pagos, los
depósitos bancarios —el dinero casi no circulará. Los estudios se podrán hacer sin asistir a ninguna escuela usando
la televisión y otros métodos audiovisuales de enseñanza a
larga distancia.

10 **Al**... *When imagining*
progresos

property

15

aceras... *moving sidewalks*
qué... *what will become of*

20 cremación

25 **ámbito**... *sector de trabajo*

leisure

30 Se extenderán / **ama**...
housewife / cada día

35

Un sueño realizado para el ama de casa del futuro:
el sirviente electrónico.

Pronósticos

¿Cómo será la arquitectura del futuro? No faltan pronós-
ticos,° muchos contradictorios:
1. La ciudad del futuro será vertical, un único° edificio o
torre° de hasta 850 pisos.

40

predicciones
single
tower

La «conurbación» parece
estar ya presente en São
Paulo, Brasil.

posaron en todos lugares y replegaron° sus alas, y miraron
a su alrededor° con sus brillantes ojos dorados° y hablaron:

— Vinimos a instalarnos aquí — dijeron—. Nos gusta
este planeta. Es hermoso. Y encontraremos en él todo lo que
necesitamos.

Y la gente los aceptó porque unos seres° tan magníficos
no pueden ser discutidos, y sus decisiones son inapelables.
Ni siquiera° los gobiernos, desconfiados siempre ante
cualquier° intrusión, levantaron su voz° en tono de protesta,
y nadie pronunció en ningún momento la palabra *invasión,*
porque en aquellas circunstancias era una palabra vacía°
de todo sentido.

Así llegaron a la tierra. Suavemente°, sin violencia, como
amables visitantes que acuden° a traer una buena nueva°.
Algunos los compararon con ángeles, y ciertamente lo

folded up

around them / de color de oro

15

beings

not even

any / **levantaron... hablaron**

20

empty

25

parecían, aunque sus enormes alas translúcidas de mari-
posa° tenían todos los colores del arco iris° en combina-
ciones que ni siquiera los más delirantes pintores° se
atreverían a soñar.° Y todo el mundo estuvo de acuerdo en
que unos seres como ellos no podrían ser más que°
buenos, ya que la maldad° no puede anidar° en el seno° de
la maravilla. Los feroces seres terrestres, que mataban a
sus más hermosos y nobles animales sólo por el placer de
ver su cuerpo sin vida tendido a sus pies y colgar su cabeza
inerte de una pared, se sintieron empequeñecidos ante su
presencia, y los veneraron, aceptaron su superioridad y los
sirvieron.

Los seres alados ocuparon así° la tierra. Sus mujeres
conquistaron a los hombres terrestres° ansiosos de belleza,°
y sus hombres fueron adorados por unas mujeres que, de
pronto, sintieron realizados todos sus más íntimos anhelos.°

Y al poco tiempo empezó a ocurrir algo que en otras
circunstancias podría parecer extraño.° Los terrestres empezaron a notar en sí mismos° una sorprendente y progre-
siva languidez.° No algo desagradable, sino° muy al
contrario: una serenidad, una paz, que se exteriorizaba° en
una profunda indolencia. Algunos dijeron que era el efecto
de la inconmensurable belleza de los seres alados: su
contemplación era algo tan absorbente,° que ya no se sentían deseos de hacer nada más salvo° seguir contemplán-
dolos. Era un éxtasis, un maravilloso éxtasis. La gente
empezó a languidecer, a enflaquecer, pero no importaba. El
hombre tenía, por fin, la serenidad y la paz.

Y la gente empezó a morir. No exactamente a morir, sino
a consumirse.° Como una llama° que languidece, tiembla°
por unos momentos y luego se apaga.° Pero era una con-
sunción° apacible,° dulce. Los seres alados revoloteaban°
por entre ellos, y la gente moría. Feliz. Sonriendo.° Sin-
tiendo al fin realizados todos sus sueños, todos sus anhelos.
Las sonrisas florecían° en todas las bocas.

Y la gente murió, murió, murió.

Luego, una inmensa bandada de seres alados se elevó al
unísono° y siguió su camino a través del espacio. Estaban
satisfechos, ahítos.° Las almas que habían bebido sorbo a
sorbo° les permitirían sobrevivir hasta llegar en su ruta a
otro planeta habitado, a través de su largo peregrinaje° sin
hogar° y sin destino a través de todo el universo.

Tras ellos quedaba un planeta inerte, muerto, vacío ya,
total y definitivamente, de toda belleza.

Adaptación de un cuento de *Utopia y Realidad,* una revista española.

---

de... *like those of a butterfly /
rainbow / painters*

se... *would dare to dream of*
30   **más**... *other than*
perversidad / habitar / centro

35

de esta manera
hombres... *male earthlings /
beauty*
40
deseos

strange
sí... *themselves*
45   falta de vigor, apatía / *but rather*
manifestaba

absorbing
50   excepto

55   *be consumed / flame / trembles*
extingue
extinción / agradable /
fluttered / smiling

60   aparecían

al... al mismo tiempo
llenos
65   **que**... *that they had drunk sip
by sip* / viaje
residencia

EJERCICIOS

COMPRENSIÓN DE LA LECTURA

Frases para completar

Complete las frases de la manera más apropiada.

1. Los seres alados que llegaron un día eran de (una nación al norte de nuestro planeta / otra parte del universo / una ciudad que estaba bajo el mar).
2. Los seres humanos los aceptaron porque los seres alados eran muy (poderosos / diferentes / hermosos).
3. Cuando los terrestres empezaron a morirse, sentían (un placer agradable / miedo y confusión / un gran resentimiento).
4. Realmente, los seres alados vinieron a la Tierra para (traer unas buenas noticias / ayudar a la humanidad / comer).

PREGUNTAS

1. ¿Cómo eran los seres alados que llegaron un día?
2. ¿Cuántos había? ¿A qué parte de la Tierra llegaron?
3. ¿Qué dijeron para explicar su visita?
4. ¿Por qué no mencionó nadie la palabra *invasión?* ¿Cree usted que realmente era una invasión o no? ¿Por qué?
5. ¿Qué empezó a notar la gente al poco tiempo? ¿Qué le pasó?
6. Al final del cuento, ¿por qué están tan satisfechos los seres alados? ¿Qué buscarán ahora?
7. ¿Cree usted que un incidente como éste podría ocurrir algún día o no? ¿Por qué?

VOCABULARIO

Adjetivos

A veces se puede usar un solo adjetivo en vez de una frase o cláusula. Escriba los adjetivos apropiados (tomados del cuento) en los espacios en blanco para sustituir las frases entre paréntesis.

1. Llegaron por el norte, volando muy alto en enormes nubes (de muchos colores) _____.
2. Llegaron a todas partes en número (que no puede calcularse) _____.
3. Miraron a su alrededor con sus brillantes ojos (de color de oro) _____.
4. Los feroces seres terrestres que mataban a sus más hermosos y nobles animales se sintieron (convertidos en cosas más pequeñas) _____.
5. Sus mujeres conquistaron a los hombres (de la Tierra) _____, ansiosos de belleza.

Modismos

Escriba la letra apropiada para traducir los siguientes modismos al inglés. Luego, llene los espacios en blanco con los modismos apropiados para completar el resumen del cuento.

1. ____ todo el mundo
2. ____ ni siquiera
3. ____ al contrario
4. ____ por (al) fin
5. ____ a todas partes
6. ____ a su alrededor
7. ____ ya no
8. ____ al poco tiempo

a. in a short while
b. everywhere
c. everyone
d. no longer
e. not even
f. finally
g. on the contrary
h. around them (or him, her, etc.)

1. Los extraños seres bellos llegaron _____ _____ _____ y miraron _____ _____ _____ .
2. Nadie habló en tono de protesta, _____ _____ el gobierno.
3. _____ _____ , la gente estaba contenta de mirar a estos seres tan bellos.
4. _____ _____ _____ los terrestres vieron que _____ _____ _____ se moría.
5. _____ _____ , todos estaban muertos: _____ _____ existía la raza humana.

DISCUSIÓN O COMPOSICIÓN

1. Según este cuento, ¿qué causará el fin de la humanidad: la inferioridad tecnológica, un defecto psicológico, un accidente o alguna otra cosa? Explique. ¿Qué moraleja inventaría usted para el cuento?
2. ¿Cree usted que la ciencia-ficción es únicamente ficción o es una anticipación del futuro? ¿Recuerda usted algunas «ficciones» que luego se convirtieron en realidades?

AHORA NO SE OLVIDE··· ESTE BOTÓN ES PARA LAS LUCES, Y ÉSTE, PARA DESTRUIR EL MUNDO···

REPASO

TRADUCCIÓN EN CONTEXTO

Lea el siguiente ensayo, que está basado en palabras, estructuras y modismos presentados en este capítulo. Luego, traduzca al español las secciones que están entre paréntesis.

UN TEMA CON DOS VARIACIONES

Muchas veces la ciencia-ficción presenta el tema de la invasión de nuestro planeta por seres extraterrestres. El tema es interesante porque (we would like to know) _____ qué pasaría en este caso. Estos seres (would have to be intelligent) _____ porque sabían llegar a la tierra. Posiblemente ellos (would arrive with a powerful army) _____. Después de una (long and horrible war) _____, ellos (would establish a repressive dictatorship) _____ con un control absoluto sobre nosotros, los terrestres.

Pero, ¿por qué (do we always think) _____ que los visitantes de otro planeta son monstruosos y terroríficos? Posiblemente (they will be) _____ buenos y altruistas. (They will come) _____ en paz y (will avoid) _____ conflictos militares. (They will speak with the heads of state of all the countries) _____ sobre los grandes problemas de la sociedad humana, como (pollution, poverty, and bad governments) _____, y sin violar nuestra libertad, (they will help to solve them) _____. A causa de su tecnología superior, (they will teach us a lot) _____ con respecto a la medicina, (architecture, services, and other things) _____. El ama de casa del futuro (will go shopping in wonderful stores) _____ llenas de nuevos productos de toda clase. Según esta visión optimista, los seres humanos ([we] will enjoy) _____ una larga era de paz y de prosperidad.

AMPLIACIÓN DE UN TEMA

Invente usted frases (en el tiempo futuro) para ilustrar las siguientes predicciones generales. La mitad de la clase hará el papel de optimistas y predirán cosas buenas; la otra mitad serán los pesimistas y predirán cosas malas.

PREDICCIONES GENERALES SOBRE EL FUTURO

1. La situación en Latinoamérica cambiará mucho en los próximos veinte años; por ejemplo,...
2. Las ciudades del futuro serán muy diferentes de las ciudades de hoy; por ejemplo,...

3. La llegada de seres extraterrestres producirá grandes alteraciones en la Tierra en el siglo XXI; por ejemplo,...

Modelo: Frases que ilustran la predicción 1:
        (según el [la] optimista) **Habrá una mejora en el nivel económico.**
        (según el [la] pesimista) **Se establecerán dictaduras terroríficas en el Cono Sur.**

Dos estudiantes deben escribir las predicciones en la pizarra; uno(a) escribirá las optimistas y el (la) otro(a) las pesimistas. Finalmente, la clase decidirá cuáles parecen más probables.

INTERRELACIONES

Conteste por escrito las siguientes preguntas. Luego, busque a otra persona de la clase que tenga las mismas respuestas. La primera persona que encuentre a alguien con las mismas respuestas avisará al (a la) profesor(a) y ganará el juego. Acuérdese: «Aquí se habla español.»

1. ¿Eres optimista o pesimista con respecto al futuro de la humanidad?
2. Según tu opinión, ¿qué país latinoamericano tendrá más problemas en los próximos diez años?

CAPÍTULO SEIS

EL MUNDO DEL MISTERIO

Perfect Tenses

El misterioso mundo de los sueños

Se ha definido a los sueños* como un grupo de imágenes o ideas, generalmente incoherentes, que se presentan cuando estamos dormidos. Pero, ¿qué se ha hecho con los sueños en el laboratorio?

Los sueños en el laboratorio

Los gatos encerrados en jaulas, con electrodos en la cabeza, están soñando. Sólo mueven un poco las orejas y las extremidades de las patas. Al parecer, reposan con la mayor tranquilidad, pero la curva que marcan las agujas sobre el papel indica una gran actividad cerebral.

Hemos pasado durmiendo un tercio (1/3) de nuestra vida

Todas las noches, más o menos cada 90 minutos, soñamos por un período de unos 15 a 20 minutos. Los sueños ocupan el 20% de nuestro sueño. Todo el mundo sueña, aún las personas que afirman lo contrario. Eso se comprueba con los electrodos, aunque a veces el individuo no recuerda haber soñado.

El 80% de las personas a quienes se despierta cuando están soñando, describen sus sueños en colores: azul, rojo, amarillo. Algunos científicos han opinado que todos soñamos en colores, pero que nos olvidamos.

¿Sueñan los animales?

De acuerdo con la prueba de los electrodos, la mayoría de los animales sueñan, pero no se han descubierto sueños en las serpientes ni en las tortugas. Los pájaros tienen sueños fugitivos de diez segundos de duración durante la noche. Los mamíferos sueñan mucho más, especialmente los carnívoros. Los herbívoros duermen y sueñan bastante menos.

Una vaca o un caballo duerme de tres a cuatro horas cada noche, y sus sueños ocupan solamente un 6% de este

tiempo. El león duerme casi tantas horas como el ser humano, y sueña un 20% de ese tiempo. Pero el gato supera a todos: duerme dos tercios (2/3) de su vida y sus sueños ocupan el 30% del tiempo.

Los sueños: Algo tan necesario como la comida

Durante el sueño aparecen caras, escenas, imágenes conocidas. Los ojos del individuo que sueña se animan con movimientos idénticos a los de la persona que está despierta. Pero los ojos no ven nada, sólo reflejan los fantasmas de nuestro espíritu.

El cerebro trabaja en círculo cerrado: está despierto, durmiendo, soñando, y cada uno de esos estados es necesario para nuestra existencia. De ahí el peligro del uso de ciertos somníferos (drogas que producen el sueño). Los barbitúricos, por ejemplo, pueden eliminar los sueños, y esto puede dañar la salud y el equilibrio mental del ser humano.

In the plural the word **sueños** generally means *dreams,* but in the singular the word may mean either (1) *dream* or (2) *sleep,* and the correct meaning must be guessed from the context. This is shown by a sentence that occurs later on in the article: **Los sueños ocupan el 20% de nuestro sueño.** *(Dreams take up 20% of our sleep.)* The common idiom **tengo sueño** means *I am sleepy.* There is no ambiguity in the verb forms. *To sleep* is **dormir (ue);** *to be asleep* or *to be sleeping* is **estar dormido(a).** But *to dream* is **soñar (ue);** *to be dreaming* is **estar soñando.**

In English people speak of dreaming *about* or *of* someone or something; in Spanish the preposition **con** is used: *She dreamed about John.* (**Ella soñó con Juan.**)

¿Por qué soñamos?

Los científicos sólo han podido ofrecernos hipótesis para contestar a esta pregunta. Una de esas hipótesis es que el papel fundamental de los sueños consiste en ayudar al individuo a relacionar lo heredado (las características que ha recibido de sus padres) con lo adquirido (sus experiencias).

Según esta idea, el ser humano, como una computadora, tiene un programa (su componente genético y su historia personal). Durante el día, nuestros sentidos nos han transmitido una enorme cantidad de información. Luego, en la tranquilidad de la noche, los sueños nos permiten revisar estas imágenes múltiples, impresiones y sensaciones y seleccionar — de acuerdo con nuestro programa — las que quedarán en nuestra memoria. Y éstas, a su vez, pueden modificar el programa e influir en nuestra personalidad.

Pero todo esto no es más que una hipótesis. Hasta el momento, los expertos han penetrado muy poco en este mundo misterioso de los sueños.

De *Temas,* una revista publicada en Nueva York.

COMPRENSIÓN DE LA LECTURA

Frases para completar

1. Se ha definido a los sueños como un grupo de imágenes o ideas, generalmente (lógicos / incoherentes), que se presentan cuando estamos dormidos.

2. En el laboratorio, cuando los gatos están soñando, la curva que marcan las agujas sobre el papel indica una gran actividad (cerebral / muscular).
3. Todas las noches, más o menos cada noventa minutos, soñamos por un período de unos (tres a cuatro minutos / quince a veinte minutos).
4. La mayoría de los animales sueñan, pero no se han descubierto sueños en los (reptiles / pájaros).
5. El (caballo / león) duerme casi tantas horas como el ser humano, y sueña un 20 % de ese tiempo.
6. (Las manos / Los ojos) del individuo que sueña se animan con movimientos idénticos a los de la persona que está despierta.
7. Según una hipótesis, el papel fundamental de los sueños consiste en relacionar (lo heredado con lo adquirido / las impresiones con las sensaciones).

PREGUNTAS

1. ¿Qué porcentaje de nuestra vida hemos pasado dormidos? ¿Qué porcentaje de nuestro sueño ocupan los sueños?
2. ¿Cuántas horas duerme usted cada noche? ¿Le gustaría dormir menos, como una vaca? ¿Por qué?
3. ¿Quiénes sueñan? ¿Soñamos en blanco y negro, o en colores? ¿Recuerda usted haber soñado en colores?
4. ¿Por qué es peligroso tomar ciertos somníferos? ¿Ha tomado usted somníferos alguna vez o no? ¿Por qué?
5. ¿Qué hipótesis han ofrecido algunos científicos para explicar por qué soñamos? ¿Qué piensa usted de esto?
6. ¿Con qué o con quién ha soñado usted recientemente?

VOCABULARIO

Para cada uno de estos sustantivos (nombres), dé el verbo relacionado que se usa en el artículo. Primero escriba el infinitivo; después llene los espacios en blanco con la forma apropiada del presente perfecto.

Modelo: el reposo   **reposar**   Los gatos han reposado.

1. la aparición   _____   Durante el sueño _____
   _____ caras, escenas e imágenes conocidas.

2. el movimiento   _____   Los ojos del individuo que sueña se _____ _____ mucho.

3. la ocupación   _____   Los sueños _____ _____ el 20 por ciento de nuestro sueño.

4. la descripción   _____   El 80 por ciento de las personas _____ _____ su sueño en colores.

5. el descubrimiento   _____   Los científicos no _____
_____ todavía una explicación
completa para los sueños.

6. la vista   _____   Pero los ojos de la persona que sueña
sólo _____ _____ los fan-
tasmas de su espíritu.

OPINIONES

1. Según su opinión, ¿es mejor olvidar los sueños? ¿O es importante tratar de comprenderlos?
2. El famoso psiquiatra Sigmund Freud ha descrito los sueños como la expresión de nuestros deseos y temores secretos. ¿Le gusta a usted más esta hipótesis o la hipótesis mencionada en el artículo?
3. ¿Cree usted que los sueños pueden predecir el futuro? Explique.

COMPOSICIÓN

Un sueño interesante

Describa brevemente en español algo que usted ha soñado recientemente o un sueño que alguien le ha contado.

La persistencia de la memoria, *del pintor surrealista español Salvador Dalí, presenta un ambiente de sueño. Los surrealistas creían que los sueños ayudan a entender los secretos del inconsciente.*

el crimen:

El misterio de la duquesa asesinada

Anticipación de la lectura

Mire usted la ilustración y la primera mitad del siguiente cuento detectivesco y conteste las preguntas.

1. ¿Cree usted que el cuento está escrito con un tono serio o cómico? ¿Cómo lo sabe usted?
2. Hay varias personas que podrían haber cometido el crimen. ¿Cuántas hay? ¿Cómo se llaman?
3. Según su opinión, ¿quién va a descubrir la verdad? ¿Por qué?

Adivinar el sentido de las palabras en contexto: La palabra exacta

Muchas veces hay un cognado que puede ayudarnos a comprender el sentido de una palabra en español, pero este cognado no es la palabra exacta que se debería usar en la traducción. Entonces, tenemos que pensar en otra palabra más común.

Ejemplo: Pero esta vez, usted también es el detective porque al final, usted tiene que decidir la identidad del **asesino** (o de la **asesina**), su motivo y el **indicio revelador.** (líneas 3 – 5)
Cognados: *assassin, indicator*
Palabras exactas: *murderer, clue*

Los cognados *assassin* e *indicator* nos ayudan a entender el sentido aquí, pero **asesino** e **indicio** se traducen mejor por *murderer* y *clue*.
   Diga cuáles son los cognados en inglés para las palabras en negrilla. Luego, dé palabras más exactas que las traduzcan mejor.

1. ¡Alguien ha **asesinado** a la duquesa! (líneas 13 – 14)
   Cognado: _____   Palabra exacta: _____
2. Parece que no se ha **robado** nada. (líneas 29 – 30)
   Cognado: _____   Palabra exacta: _____
3. —Yo fumaba un cigarrillo arriba en mi **dormitorio** —dijo el duque—. (línea 54)
   Cognado: _____   Palabra exacta: _____
4. Pero me pagaba bien y yo no soy **culpable** de su muerte. (líneas 69 – 70)
   Cognado: _____   Palabra exacta: _____
5. —Veinte años —respondió ella sin **vacilación** —. (línea 74)
   Cognado: _____   Palabra exacta: _____
6. —Esta vez hemos encontrado el crimen perfecto —**pronunció** el policía en un tono solemne— el crimen sin solución. (líneas 78 – 80)
   Cognado: _____   Palabra exacta: _____

El misterio de la duquesa asesinada

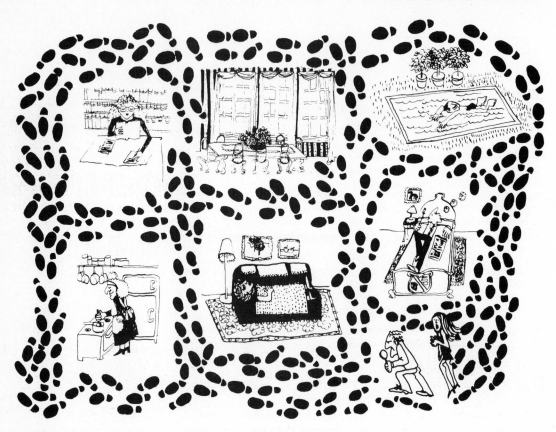

Como siempre, el famoso detective Juan Sabelotodo tiene
que resolver un caso criminal demasiado difícil para la
policía. Pero esta vez, *usted también es el detective* porque
al final, usted tiene que decidir la identidad del asesino (o
de la asesina), su motivo y el indicio revelador...†   5

   Un día, el detective Juan Sabelotodo anunció a su guapa°   muy atractiva
secretaria Lulú: —La Duquesa° de Platalesobra nos ha   *Duchess*
invitado a tomar el té.
   —¡Qué bien! —dijo Lulú—. Hace meses* que no vamos
allí.   10

† There is no one right answer to this murder mystery. Any of the suspects might be guilty. It is up to you to
choose one and invent a plausible motive and an appropriate clue, which, following the reading, you will have a
chance to explain.

Quince minutos después, Juan y Lulú llegaron al palacio de Platalesobra. Una criada° muy fea° les abrió la puerta y declaró —¡Algo horrible ha ocurrido! ¡Alguien ha asesinado a la duquesa!

    En ese momento apareció° el Inspector de Policía.
—¡Juan Sabelotodo! —exclamó—. Usted siempre llega cuando hay un crimen.

—Venía a tomar el té —dijo el detective.

—¡Je! ¡Je!° —rió° el Inspector—. Es un buen chiste.°

—¿Dónde está el cadáver? —preguntó Juan.

    El Inspector les indicó un elegante salón° y todos entraron. El cadáver de una bella mujer estaba tendido° en el sofá. La víctima guardaba todavía una expresión de terror en la cara y una pequeña toalla° en la mano.

—Alguien la ha estrangulado° —dijo el policía, tropezándose con° un libro que estaba en el suelo.°

—¿Un ladrón? —preguntó Lulú.

—Creo que no —respondió el Inspector, recogiendo° un encendedor de oro° que se encontraba en el sofá—. Parece que no se ha robado nada.

—Quiero hablar con los sospechosos° —declaró Sabelotodo.

    Más tarde, todos estaban en el comedor:° Juan, Lulú, el Inspector, el duque,° Sofía (la hija de los duques°), la criada y un joven guapo, vestido con traje de baño.°

    El detective empezó su investigación: —Bueno, ¿quién ha visto primero el cadáver?

—Yo —respondió Sofía—. Soy estudiante de la universidad. Estaba en la biblioteca° leyendo un libro sobre las teorías de Carlos Marx, cuando oí la voz de mi madre. Gritaba° «¡Socorro!° ¡Socorro!» Entré en el salón y la encontré muerta. ¡Pobre mamá! Era una persona muy frívola, pero no era mala. Me siento muy sola sin ella.

—¡Qué mentira! ¡Tú sabes muy bien que nunca has querido a tu mamá! —interrumpió con emoción su padre, el duque—. Tú y ella pasaban todos los días en riñas.°

—¡No es verdad, papá! —gritó Sofía, sus grandes ojos llenos de lágrimas°—. No me gustaba su modo° de vivir, pero siempre la he querido, a mi manera.° ¡Tú eres la persona que odiaba a mamá, y la hacías sufrir con tu silencio y frialdad!°

—¿Y dónde estaba usted, señor duque? —el detective preguntó al viejo aristócrata.

—Yo fumaba un cigarrillo arriba en mi dormitorio —dijo el duque—. Bajé cuando oí los gritos de Sofía. Hace muchos años* que la duquesa y yo llevamos vidas separadas. Pero

	sirvienta / no muy bonita
15	appeared
	Je... Ha! Ha! / laughed / joke
20	
	living room
	extendido
	towel
25	strangled
	tropezándose... tripping on / floor
	picking up
	encendedor... gold lighter
30	
	suspects
	cuarto para comer
	Duke / Duke and Duchess
35	**traje...** ropa para nadar
	library, study
40	
	She was shouting / Help! (word used by a person in distress)
45	
	disputas
	tears / forma
	a... in my own way
50	
	coldness
55	

no soy celoso° y no la odiaba. Esa idea existe solamente en la imaginación de mi hija.

    —¿Usted es el famoso tenista,° Modesto Valeroso? —preguntó Lulú, mirando con interés al joven vestido con traje de baño.

    —Sí, soy Valeroso —respondió el atleta con una sonrisa seductora°—. En el momento del crimen yo nadaba en la piscina° del jardín. Yo era el amante° de la duquesa y estaba muy enamorado de ella, aunque,° como todos saben, ella me trataba° mal a veces.

    —¡Lo trataba a usted como a un perro! —dijo la criada con una carcajada° irónica—. La duquesa era una persona muy arrogante. Pero me pagaba bien y yo no soy culpable de su muerte. He pasado toda la tarde en la cocina,° limpiando los platos° y preparando la cena.

    —¿Cuánto tiempo hace que usted trabaja aquí? —le preguntó el Inspector de Policía a la criada.

    —Veinte años —respondió ella sin vacilación—. Justamente hoy cumplo° veinte años en esta casa y no he faltado° ni un solo día.

    —¡Qué misterio! —exclamó Lulú.

    —Esta vez hemos encontrado el crimen perfecto —pronunció el policía en un tono solemne— el crimen sin solución.

    —Al contrario —declaró Sabelotodo—. Alguien aquí no ha dicho la verdad. Yo, con mi increíble inteligencia, he descubierto un indicio importante cerca del cadáver. Ahora sé quién ha asesinado a la duquesa y cuál ha sido el motivo.

jealous

jugador de tenis — 60

sonrisa... seductive smile
swimming pool / lover
65 *although*
treated

burst of laughter

70 *kitchen*
dishes

75 *termino*
missed

80

—¡Dios mío! —exclamaron todos—. ¡Usted es un hombre 85
brillante!

—Ya° lo sé, —respondió el detective—. Mi madre   *already*
siempre me lo ha dicho también.

EJERCICIOS

COMPRENSIÓN DE LA LECTURA

Las personas sospechosas

Llene los espacios en blanco con las letras apropiadas para indicar la correspondencia entre cada persona y su coartada *(alibi)*.

1. _____ El duque
2. _____ Sofía
3. _____ La criada
4. _____ Modesto Valeroso

a. Preparaba la cena en la cocina.
b. Fumaba un cigarrillo en su dormitorio.
c. Nadaba en la piscina del jardín.
d. Leía un libro sobre las teorías de Marx en la biblioteca.

PREGUNTAS

1. ¿Quién es Juan Sabelotodo?
2. ¿Quién le informó a Juan que la duquesa estaba muerta?
3. ¿Qué guardaba en la mano la víctima?
4. ¿Con qué se tropezó el policía?
5. ¿Qué encontró el Inspector en el sofá?
6. Según el duque, ¿quién no ha querido nunca a la duquesa?
7. ¿De qué acusó Sofía al duque?

8.	Según la criada, ¿cómo trataba la duquesa a su amante?
9.	¿Qué pensaba la criada de la duquesa?
10.	¿Cómo sabe el detective que él es un hombre brillante?

USTED ES EL DETECTIVE

¿Quién mató realmente a la duquesa? ¿Fue sólo una persona o fueron varias? Haga el papel de detective y, con su «increíble inteligencia», descubra quién fue el asesino / la asesina, cuál pudo haber sido el motivo y cuál es el indicio *(clue)* que usted encontró para descubrir al culpable. Varios estudiantes leerán sus soluciones y la clase decidirá cuál es la mejor.

GRAMÁTICA

Conteste las preguntas siguientes con el uso de *hacer* + una expresión de tiempo.

1.	¿Cuánto tiempo hace que usted estudia español?
2.	¿Cuánto tiempo hace que usted vive en esta ciudad (o en este pueblo)?
3.	¿Cuánto tiempo hace que la criada del cuento trabaja para la duquesa?
4.	¿Cuánto tiempo hace que los duques llevan vidas separadas?
5.	¿Cuántos minutos hace que trabajamos en este ejercicio? (¿Demasiados?)

Un ladrón listo

Todos los sábados un señor gordo, montado en° un burro, cruzaba la frontera° a las cuatro de la tarde. Siempre llevaba dos maletas.° Los guardias de la aduana° creían que era contrabandista,° pero nunca hallaron nada cuando registraron° sus maletas.

Muchos años después, uno de los guardias encontró al señor gordo en una taberna° y le dijo —Ahora he dejado mi trabajo en la aduana y quiero saber una cosa. Usted era contrabandista, ¿no?

—Claro —admitió el señor.

—Pero siempre registrábamos sus maletas muy bien y no encontrábamos nada. ¿Qué robaba usted?

—Burros —respondió el señor.

montado... riding on
border
suitcases / customs
smuggler
5 searched

tavern

10

Un testigo° honesto

witness

ABOGADO: ¿Cuánto tiempo hace que usted conoce al   15
    acusado?°

defendant

TESTIGO: Hace diez años que lo conozco.

ABOGADO: Muy bien. ¿Puede usted dar al juez su opinión
    sobre el carácter del acusado? ¿Cree usted que es un
    hombre capaz° de robar dinero?   20 capable

TESTIGO: A ver°... ¿Cuánto fue?   **A**... *Let's see*

el pasado:

Anticipación de la lectura: Localización de datos

El siguiente artículo trata de un misterio arqueológico. Busque los
siguientes datos en los primeros párrafos:

1. ¿Dónde están las ciudades misteriosas?
2. ¿Quiénes las construyeron? ¿Cuándo?
3. ¿Por qué le presentan un misterio a los arqueólogos? Según su
   opinión, ¿qué se discutirá en el resto del artículo?

Análisis de diferencias

Lea la siguiente descripción de un uso especial de dos tiempos de
los verbos en español. Luego, aplíquelo en sus traducciones de las
frases tomadas del artículo.

   Como el futuro y el condicional, el futuro perfecto y el condicional perfecto son usados a veces en español para indicar las ideas
de posibilidad o probabilidad. Generalmente se traduce esta idea al
inglés por medio de las palabras *possibly* o *probably* o por el uso de
un auxiliar como *may* or *might.*

Ejemplo: ¿Por qué, en el pináculo de su cultura, abandonaron
               ciudades que **habrían requerido** un trabajo de siglos
               para construirse? (líneas 14–16)
               Why, at the pinnacle of their culture, did they
               abandon cities that <u>had probably required (might</u>
               <u>*have required)*</u> *centuries to construct?*

1. Ciertos antropólogos creen que los habrán dejado así a causa
   de algún desastre natural. (líneas 32–33)
2. Algunos expertos opinan que la decadencia maya, como la de
   Roma, se habrá debido a causas internas: rebeliones de la clase
   baja contra la clase alta. (líneas 37–39)

3. ¿Adónde habrán ido los habitantes de las ciudades abandonadas? (líneas 60–61)
4. ¿Qué problemas habrán tenido en sus últimos años? (líneas 61–62)

El enigma de las ciudades abandonadas

Por las densas junglas de Centroamérica se extienden las ruinas de centenares° de antiguas ciudades de piedra. Tikal en Guatemala, con sus altas pirámides como rascacielos° prehistóricos; Copán en Honduras, con su magnífica acrópolis y juego de pelota;° Palenque en México, con sus acueductos, palacios y murales; Bonampak; Piedras Negras; y muchas otras. Son los restos de la gran civilización maya, que floreció° de 600 a.C.° a 850 d.C.° En nuestro siglo muchos arqueólogos han estudiado* las ruinas y han determinado que las ciudades fueron abandonadas súbita° y misteriosamente alrededor del año 850 d.C.

    ¿Adónde fueron los tres o cuatro millones de mayas que, según cálculos de los expertos, habían vivido en la región? ¿Por qué, en el pináculo de su cultura, abandonaron ciudades que habrían requerido un trabajo de siglos para construirse?

    Estas preguntas son uno de los enigmas de la antropología moderna. Hay muchas teorías, ninguna completamente satisfactoria. Una de las más populares es la idea de que hubo una invasión de tribus° extranjeras. Pero, ¿por qué no habrían ocupado las ciudades los invasores,° después de tomarse el trabajo de conquistarlas? Otra teoría es la de una epidemia, como las plagas que devastaron Europa en la Edad Media.° Pero muchos expertos mantienen que una epidemia no habría sido suficiente para causar un colapso tan rápido y completo. Un cambio de clima —quizás una larga sequía°— es otra posibilidad. Sin embargo, los mayas habían sobrevivido° a muchas sequías en el pasado.

    Un aspecto misterioso del problema es la brusquedad° con que los mayas abandonaron las ciudades. ¿Por qué, en algunos lugares, dejaron edificios parcialmente construidos? Ciertos antropólogos creen que los habrán dejado así a causa de algún desastre natural. Pero la evidencia no es muy convincente. No hay volcanes activos en la región, los terremotos° que ocurren no son severos y un huracán no habría afectado un área tan grande.

Glosas (columna derecha):

- *hundreds*
- edificios muy altos
- 5 **juego...** *ball court*
- prosperó / antes de Cristo / después de Cristo
- 10 *suddenly*
- 15
- 20 *tribes*
- *invaders*
- **Edad...** *Middle Ages*
- 25
- período sin lluvia
- *survived*
- *abruptness*
- 30
- 35 temblores violentos de la tierra

Pirámide con templo, Tikal, Guatemala.

Representación de un dios maya, Palenque, México.

Algunos expertos opinan que la decadencia maya, como la de Roma, se habrá debido a causas internas: rebeliones de la clase baja contra la clase alta. La mayor objeción a esta teoría es que no explica la despoblación° del área. Otros antropólogos sugieren° una causa económica: alguna interrupción en las rutas del comercio o el progresivo agotamiento° de la tierra a causa de la agricultura intensiva. Otra vez se puede preguntar: ¿por qué habrían ocurrido estos problemas tan bruscamente?

40 *depopulation*

suggest

destrucción

45

Una variante del tema es la idea de la superpoblación.° *overpopulation*
Algunos creen ver en el extraño colapso de la espléndida y
complicada civilización maya una lección para el mundo de
hoy: hay que° respetar los límites del medio ambiente.° **hay**... es necesario / **medio**...
Según esta teoría, la población maya creció° demasiado rá- 50 *environment* / grew
pidamente con relación a su base económica y por eso
pereció.° murió

También está de moda° hoy una explicación que muchos **está**... es popular
llamarían una fantasía. Como el origen de los mayas es
también un misterio, hay personas que creen que los mayas 55
habían venido de otro planeta y que, después de vivir
varios siglos aquí, volvieron, quizás en naves espaciales° o **naves**... *spaceships*
por algún modo demasiado avanzado para nuestra imagina-
ción.

¿Adónde habrán ido los habitantes de las ciudades 60
abandonadas? ¿Qué problemas habrán tenido en sus
últimos años? Quizás la contestación a estas preguntas está
en los jeroglíficos que todavía no hemos podido descifrar.° leer con comprensión
Por el momento, las majestuosas ciudades mayas permane-
cen en silencio, un enigma para el mundo moderno. 65

COMPRENSIÓN DE LA LECTURA

Cierto o falso

Para cada frase, escriba **cierto** o **falso** con respecto a los mayas. Si la frase es
falsa, explique por qué.

1. _____ Las ruinas de las antiguas ciudades mayas se encuentran en México, Honduras
y Perú.
2. _____ Las ciudades fueron abandonadas por los mayas en el siglo XVI d.C.
3. _____ Según los cálculos de los expertos, tres o cuatro millones de mayas habrán
vivido en la región de las ciudades.
4. _____ Algunos antropólogos dicen que una epidemia no habría causado un colapso
tan gradual.
5. _____ Muchos antropólogos no aceptan la teoría de un cambio de clima porque los
mayas habían sobrevivido a otros cambios de clima en el pasado.
6. _____ Según algunos expertos, un problema económico causó el colapso de la
civilización maya.

PREGUNTAS

1. ¿Cómo se llaman algunas de las ciudades mayas? ¿Dónde se encuentran? ¿Sabía usted algo sobre estas ciudades antes de leer el artículo?
2. ¿Por qué no han aceptado muchas personas la teoría de una invasión para explicar el abandono de las ciudades mayas?
3. ¿Ha experimentado usted un terremoto, un huracán o algún otro desastre natural? ¿Cree usted que un desastre de este tipo habrá causado la ruina de los mayas?
4. ¿Cuáles son las «causas internas» responsables de la decadencia maya, según ciertos antropólogos? ¿Qué objeción existe a esta idea?
5. ¿Qué lección para nuestra sociedad ven algunos expertos en el brusco colapso de la civilización maya?
6. ¿Qué explicación está muy de moda hoy? ¿Cree usted que esta teoría es una verdadera posibilidad o pura fantasía?

VOCABULARIO

Cognados

Escriba las palabras equivalentes en inglés.

1. estudiar _____
2. especial _____
3. espacio (sustantivo) _____
4. espacial (adjetivo) _____
5. espléndida _____
6. espíritu _____
7. estilo _____

GRAMÁTICA

Traduzca las siguientes frases al inglés, expresando la idea de probabilidad o posibilidad.

1. Otras civilizaciones habrán tenido problemas parecidos.
2. Me parece que usted habrá oído hablar de los mayas antes.
3. Algunos exploradores creían que los mayas habrían venido del continente legendario de Atlántida.
4. ¿Habremos olvidado algo?

DISCUSIÓN

1. ¿Sabe usted por qué fueron abandonadas las ciudades de Pompeya y Troya en tiempos antiguos? ¿O por qué motivo fueron abandonadas algunas de las ciudades en el oeste de Estados Unidos en tiempos más modernos?

2. ¿Por qué cree usted que muchas personas han abandonado el centro de las ciudades grandes?

3. ¿Dónde prefiere vivir usted —en una ciudad grande o pequeña? ¿O en el campo? ¿Por qué?

REFRÁN

Cada tiempo tiene sus costumbres.

REPASO

TRADUCCIÓN EN CONTEXTO

Lea el siguiente ensayo y traduzca al español las secciones que están entre paréntesis.

EL SUEÑO MÁS TERRORÍFICO DE MI VIDA

En mi vida yo (have had many horrible dreams) _____ pero el más terrorífico de todos lo tuve la semana pasada. Fue un viernes, el trece de enero, y (my brain was not at peace [tranquil]) _____ porque yo tenía mucho miedo a causa de (the exams I would have to take) _____ al final del mes. Mi cuerpo estaba cansado pero yo (was not sleepy) _____. (I have been sleeping badly before exams for years)* _____, y por eso tenía somníferos en la casa como precaución. Tomé la droga y (I went to my bedroom) _____ temprano. Cerré los (eyes) _____ y entré en un mundo de extrañas (impressions, images, and sensations) _____.

   (I dreamed about) _____ un asesinato. Yo estaba en (the ruins of an ancient civilization) _____ y sabía que en alguna parte muy cerca (a criminal had killed) _____ brutalmente a una pobre víctima. Yo no estaba solo (in the abandoned city) _____. Había varias personas que me parecían muy sospechosas: (an archaeologist, his lover, a policeman, a maid) _____ y un detective que se parecía mucho a mi profesor de química. El detective me dijo que él (had discovered an important clue) _____ y me miraba con una sonrisa siniestra. De repente yo sentí un gran terror y grité (—I haven't done anything!—) _____. —Precisamente. Ése es el problema —me respondió el detective y me señaló el cadáver que yo (had not seen) _____, aunque estaba a mi lado. El cadáver no era un ser humano: era mi libro de química. Yo comprendí que (I was the guilty person) _____. Yo tenía mucho miedo pero pensé (—I am not awake) _____. Para mañana (this dream will have finished—) _____. En este momento sentí unos movimientos violentos en la tierra y supe que era (a natural disaster) _____. Me desperté con gran alivio y decidí (that I would not take) _____ nunca más esa clase de somníferos.

* Use la construcción **hace** + una expresion de tiempo + **que;** la explicación está en la página 112.

CRUCIGRAMA

¡Un famoso detective dice que él ha descubierto la causa del misterioso colapso de la civilización maya! Para saberlo, (1) solucione el crucigrama y (2) llene los espacios abajo con las letras de los cuadros grises. (Recuerde que *ch* es una sola letra en español.)

HORIZONTALES

1. Montaña de donde sale lava y fuego; produce a veces una catástrofe para la gente que vive cerca.
6. Nombre de una de las ciudades abandonadas por los mayas.
10. Grupo de imágenes o ideas, generalmente incoherentes, que se presentan cuando estamos dormidos.
12. Restos de una ciudad o un edificio arruinado.
15. Mujer que trabaja en arqueología.
18. Cosa que indica algo; en las historias sobre crímenes, es la cosa que ayuda al detective a solucionar el caso.

VERTICALES

2. Hombre que ha asesinado a alguien.
3. Acto malo e ilegal.
4. Acción de entrar en el sueño; lo opuesto de despertar.
5. Nombre de una famosa civilización de indios que abandonó muchas ciudades en el Yucatán hace casi mil años.
8. Hombre que da motivo de sospecha.
9. Parte del título de este capítulo.

La causa del misterioso colapso de la civilización maya:

M _ _ _   S _ _ _ _ _
  2 17 7   16 11 12 14 13

ADIVINANZAS

Las adivinanzas son los mini-misterios en forma de preguntas que son populares en casi todas las culturas. Las siguientes adivinanzas tienen que ver con las letras del alfabeto. Léalas y busque la solución para cada una en la lista al lado derecho.

1. _____ ¿Por qué no puede trabajar la letra *A*?

2. _____ ¿Cuál es el final de todo?

3. _____ ¿Por qué son las letras *GU* similares a una isla?

4. _____ ¿Cuáles son las cuatro letras que le dan miedo a un ladrón?

5. _____ ¿Dónde viene el jueves antes que el miércoles?

6. _____ ¿Qué letra está bien con crema y azúcar?

a. Porque están en medio de *agua*.
b. En el diccionario.
c. Porque siempre está en *cama*.
d. La letra *T* (té).
e. La letra *O*.
f. *O.T.V.O.*

¿Conoce usted alguna adivinanza que pueda traducir al español?

EL MUNDO DE LOS VIAJES

Formal
Commands
and the
Subjunctive
Tenses

Las cinco reglas del mal turista

¿Quiere usted ser mal turista (o mala turista)? ¿Quiere ofender a los habitantes de otros países? ¡Magnífico! Entonces, lea las siguientes cinco reglas y apréndalas de memoria, pues componen el método infalible para ser un(a) mal(a) turista. (Resultados garantizados.)

1

Lleve ropa vieja y sucia y no se bañe durante toda la visita. No use nunca un vestido sencillo o un traje discreto. Por ejemplo, para ir a un museo o a una famosa catedral, póngase un traje de baño (o mejor, un bikini), pues es un modo divertido de causar sensación.

EJERCICIOS

COMPRENSIÓN DE LA LECTURA

Frases para completar

1. Para ir a un museo o a una catedral, el mal turista se pone (ropa sencilla / un vestido discreto / un traje de baño).
2. Al ver los monumentos y sitios históricos de otro país, el mal turista expresa (admiración / crítica / cortesía).
3. Si el mal turista no encuentra todas las comodidades en su hotel o pensión, les dice a las criadas que su país está (bello / moderno / subdesarrollado).
4. El mal turista cree que la gente de otros países es (perezosa / interesante / inteligente).

PREGUNTAS

1. ¿Qué tipo de ropa lleva siempre el mal turista?
2. ¿Cuáles son algunas de las comodidades que insiste en tener el mal turista? Para usted, ¿cuál de estas comodidades sería la más importante?
3. ¿Qué hace el mal turista si un camarero trata de servirle la comida típica del país? ¿Por qué? ¿Qué prefiere comer y beber el mal turista?
4. En serio, ¿qué tipos de comida cree usted que pueden ser peligrosos para el turista en un país tropical? ¿Qué pediría usted allí?
5. ¿Qué hace el mal turista en las tiendas?
6. ¿Cree usted que personas como el mal turista existen realmente?
7. ¿Ha tenido usted problemas como turista alguna vez? Explique.

GRAMÁTICA

Mandatos

One of the most common uses of the present subjunctive in Spanish is the direct formal (**usted** or **ustedes**) command.

When object pronouns (direct, indirect, or reflexive) are used, they are attached to the verb in the affirmative command and are placed immediately before the verb in the negative command.

Haga mandatos afirmativos y negativos de las siguientes frases, empleando la tercera persona singular del subjuntivo. Convierta los sustantivos (nouns) en pronombres (pronouns) cuando sea necesario.

| Modelo: | llevar ropa vieja | Llévela. | No la lleve. |
| | lavarse | Lávese. | No se lave. |

1. bañarse _____ _____
2. comprar obras de arte _____ _____
3. pedir un perro caliente _____ _____
4. preguntar al dependiente _____ _____
5. ponerse el traje _____ _____
6. escribir su nombre _____ _____
7. buscar una tienda _____ _____

VOCABULARIO

Escriba la letra de la palabra apropriada delante de cada definición.

1. _____ Es una persona que vende cosas.
2. _____ Es una cosa dulce que se sirve al final de la comida.
3. _____ Es una mujer que limpia las habitaciones en un hotel.
4. _____ Es la actitud de atención y respeto hacia otras personas.
5. _____ Es un hombre que sirve la comida en un restaurante.
6. _____ Es la casa donde los turistas pueden vivir y comer.
7. _____ Es un líquido que se saca de una fruta.
8. _____ Es un lugar donde se venden cosas.

a. el camarero
b. la criada
c. el (la) dependiente(a)
d. el jugo
e. la pensión
f. el postre
g. la tienda
h. la cortesía

COMPOSICIÓN

Invente tres reglas más para el (la) mal(a) turista, empleando el mandato formal (usted). Si quiere, usted puede utilizar el vocabulario siguiente:

comprar o «llevarse» (to "take") recuerdos (souvenirs)
dar las gracias
decir «por favor»
silbar (whistle)

tirar basura (garbage)
expresar opiniones políticas
sacar fotografías
pedir instrucciones (directions)
decir «gracias»

Ahora invente dos reglas para el (la) buen(a) turista.

«PERDONE, ¿DÓNDE ESTÁ EL EXCUSADO?» Y OTROS EUFEMISMOS

El eufemismo es un modo de expresar con suavidad conceptos desagradables. En vez de decir que la señora es vieja, decimos que es «mayor» o «entrada en años». El niño no es gordo, es «grande» o «grueso», y el científico no mata a los ratones en sus experimentos, los «sacrifica».

En todos los hoteles, restaurantes o casas particulares hay un cuarto especial al cual nos referimos siempre con eufemismos. Decimos, «Fulano fue al lavabo (o al lavatorio)», aun cuando sabemos que no fue con intenciones de lavarse. Otros eufemismos que se emplean comunmente para hablar de este cuarto son «el servicio» y «el excusado». (La última palabra demuestra claramente el uso del eufemismo para la etiqueta.) Las personas muy delicadas preguntan por «el cuarto para las damas» o «el cuarto para los caballeros».

Cuando viajamos por países hispanos, podemos emplear cualquiera de estos eufemismos, pero quizás la frase más fácil es, «¿Dónde está el cuarto de baño?», una frase útil y correcta aun cuando no tengamos ningún deseo de bañarnos.

Chistes

El problema europeo

Un norteamericano que nunca había salido de su pueblo hizo un viaje de dos semanas a Europa. Cuando volvió, sus amigos le preguntaron si le había gustado Europa.

—Francamente, no me gustó —respondió—. ¡Está   5
completamente llena de extranjeros!°   *foreigners*

Un contraste político

Un norteamericano decidió viajar a Rusia porque quería ver otro sistema político. Después de pasar varias semanas en Rusia, todavía no comprendía la cultura. Entró en un café y   10
preguntó a un ruso° que estaba sentado allí, tomando   *Russian*
vodka, —¿Puede usted explicarme la diferencia entre el sistema ruso y el sistema de mi país?

—Compañero,° —le contestó el ruso— el capitalismo es   *Comrade*
la explotación° del hombre por el hombre.   15 *exploitation*

—Bueno, —dijo el norteamericano— ¿y el comunismo?

—El comunismo —le respondió el ruso— es lo contrario.°   **lo...** *the opposite*

Toda Sudamérica en veintiún días

Anticipación de la lectura

Mire el artículo por dos o tres minutos y conteste las preguntas:

1. ¿De qué se trata el artículo?
2. ¿Cuál es el propósito del artículo?
3. ¿Para qué tipo de lector está escrito?

Análisis de diferencias

Mire usted las siguientes frases:

a. Es importante ir.   *It's important to go.*
b. Es importante que vayas.   *It's important for you to go.*

Fíjese en que en inglés se usa el infinitivo para las dos frases pero que en español se usa el infinitivo para la primera y el subjuntivo para la segunda. *No se usa el infinitivo en español cuando hay un cambio de sujeto.* Recuerde esto y traduzca las siguientes frases al inglés, empleando el infinitivo de manera apropiada.

Ejemplo: **Es difícil que usted encuentre en otro lugar tanta mezcla de lo antiguo y de lo nuevo...** (líneas 13 – 14) It's difficult for you to find somewhere else such a mixture of what is old and what is new.

1. Para darse una idea de la belleza de esta antigua capital del imperio español en Sudamérica, sólo es necesario que usted visite el Palacio Torre Tagle... (líneas 16 – 19)
2. No es necesario que usted lea libros para conocer las maravillas que dejaron los incas. (líneas 28 – 30)
3. Y si le gusta la carne de vaca, es preciso que usted vaya a comer una «parrillada» en alguno de los restaurantes típicos. (líneas 52 – 54)
4. Será fácil que usted se imagine en el paraíso. (línea 65)

Toda Sudamérica en veintiún días

AGENCIA DE VIAJES: EXCURSIONES «AVENTURAS»

Precio: 2.890° dólares americanos $2,890

Es posible que usted piense que se trata de una excursión°   *tour*
como otras. Pero no, es diferente.
Créanos.
¡Venga con nosotros a visitar un mundo fascinante!
Fecha° de salida: 20 de noviembre   5 *día y mes*
Fecha de regreso: 11 de diciembre
El precio incluye: los billetes de avión, ida y vuelta;°   **ida**... *return trip, there and back*
hoteles; comidas (pero no bebidas); y todo el transporte
entre ciudades.
EXCURSIONES «AVENTURAS» le propone el siguiente   10
itinerario:

20 de noviembre: Salida de Miami

21 al 23 de noviembre: Lima (Perú)

La presencia del pasado colonial

Es difícil que usted encuentre en otro lugar tanta mezcla de
lo antiguo y de lo nuevo: caserones° con maravillosos   casas muy grandes
balcones del siglo XVII cerca de enormes rascacielos,°   15 edificios muy altos
viejas plazas frente a grandes hoteles modernos. Para darse
una idea de la belleza de esta antigua capital del imperio
español en Sudamérica, sólo es necesario que usted visite
el Palacio Torre Tagle, el Museo del Oro° Peruano y la Plaza   *gold*
de Armas. Además, el (la) turista que busque regalos y   20
recuerdos° verá que éste es el paraíso de las compras. No   *souvenirs*
se olvide que en el Perú las artesanías° son un orgullo°   *crafts* / punto de gran
nacional: joyas° de oro y plata, ponchos de lana° de llama y   estimación / *jewelry* / *wool*
alpaca, chaquetas, espejos.° Y todo hecho a mano,° y a   *mirrors* / **a**... *by hand*
precio muy barato.   25

El rico tesoro indígena° del Perú

native

Cuzco es la antigua capital del imperio incaico,° una de las
grandes civilizaciones indígenas del mundo. No es necesario que usted lea libros para conocer las maravillas que
dejaron los incas. Con sus propios ojos podrá admirar las
murallas de piedra° de la Fortaleza de Sacsahuaman, los
Baños Rituales, el Templo del Sol y muchas otras obras.

   Luego, usted hará una excursión en tren, a través del sa-
grado° Valle del Río Urubamba, hasta las famosas ruinas
incaicas de Machu Picchu. No hay otro lugar arqueológico
que pueda compararse en belleza con esta fabulosa ciudad,*
olvidada en las alturas° de los Andes durante 400 años y
redescubierta en 1911. Templos, palacios, torres, fuentes:°
todo rodeado de picos de montañas que crean el ambiente°
de una sociedad* situada en el cielo.

de los incas

30

murallas... *stone walls*

sacred

35

las... *los lugares elevados*
fountains
atmósfera

40

La capital más grande de Sudamérica

¡Qué sorpresa le espera a usted en Buenos Aires, la más
grande y cosmopolita de las capitales sudamericanas! Es
una ciudad enorme, de anchas° avenidas, cafés al aire libre   *broad*
y tiendas elegantes. La vida nocturna es tan variada que   45
usted querrá que cada noche tenga cuarenta horas. ¿Le
interesa la ópera? Quizás pueda asistir a una velada° en el   *presentación*
Teatro Colón, uno de los mejores del mundo. Pero es
posible que usted prefiera la música folklórica. Pues, hay
un gran número de clubes nocturnos donde se puede tomar   50
una copa° y escuchar música folklórica y el famoso tango   *bebida alcohólica*
argentino. Y si le gusta la carne de vaca, es preciso que
usted vaya a comer una «parrillada» en alguno de los
restaurantes típicos.

2 al 4 de diciembre: Las Cataratas del Iguazú (Argentina y Brasil)

Un fenómeno de la naturaleza

55

Parece mentira que puedan existir cataratas° más altas y   caídas grandes de agua
más impresionantes que las Cataratas del Niágara, pero allí
están. Véalas usted desde el lado argentino y desde el
brasileño, y decida cuál es la mejor vista. Son 275 cas-
cadas° que se juntan para formar una media luna° que   60   caídas pequeñas de agua /
tiene una milla y media de extensión.   **media**... semi-círculo

Camine debajo de las cascadas, alquile° caballos o un   rent
bote. O simplemente dé un paseo por el Parque de Iguazú,
donde abundan mariposas,° flores y pájaros de todos los   butterflies
colores. Será fácil que usted se imagine en el paraíso.   65
Realmente, las Cataratas del Iguazú son uno de los grandes
fenómenos naturales del mundo.

5 al 10 de diciembre: Cartagena (Colombia)

Un descanso en la playa

Al llegar a esta pintoresca ciudad, usted no dudará de que
es el sitio perfecto para descansar y tomar sol° después de   70   **tomar**... *sunbathe*
su largo viaje.

    Cartagena le ofrece hermosas playas, arena blanca, mar
azul. Para el (la) turista que tenga ganas de caminar un
poco, hay muchas posibilidades* para divertirse. Cartagena
es el puerto más interesante del Pacífico sudamericano, con   75
una historia que vive todavía. Camine por la vieja ciudad
amurallada,° visite la fortaleza construida para defender a   *rodeada de murallas*
la ciudad de los piratas, dé un paseo por el puerto de
pescadores° y pruebe una comida de mariscos° o pescado.   *fishermen / shellfish*

     11 de diciembre: Regreso a Miami ¡Adiós! ¡Hasta pronto!

EJERCICIOS

COMPRENSIÓN DE LA LECTURA

¿Dónde estamos?

Después de leer la descripción de la excursión a Sudamérica, diga en qué lugar se pueden encontrar las siguientes cosas:

1. cafés al aire libre y lugares donde se toca el tango
2. viejas fortalezas construidas para defender a la ciudad de los piratas
3. lindas joyas de oro y plata, y ponchos de lana de alpaca que se venden a precio muy barato
4. un gran parque lleno de mariposas, flores y pájaros de todos colores
5. las ruinas de los Baños Rituales y del Templo del Sol de los incas
6. el famoso Teatro Colón
7. caserones del siglo XVII y el Palacio Torre Tagle

PREGUNTAS

1. ¿Cuánto cuesta la excursión a Sudamérica? ¿Qué está incluído en el precio? ¿Cree usted que es posible que la agencia pida demasiado dinero?
2. ¿Por qué es Lima un paraíso para el (la) turista que busque regalos y recuerdos? ¿Qué compraría usted en ella?
3. ¿Qué es Machu Picchu? ¿Le gustaría a usted ir allá algún día o no? ¿Por qué?
4. ¿Preferiría ir usted a Buenos Aires o a las Cataratas del Iguazú? ¿Por qué?
5. ¿Qué haría usted si fuera a Cartagena? ¿Por qué cree usted que organizaron la excursión para que Cartagena fuera el último lugar y no el primero?

GRAMÁTICA

Usos del subjuntivo

Cada una de las siguientes frases tomadas del artículo contiene un verbo en el presente del subjuntivo. Subraye estos verbos y traduzca la frase al inglés.

1. Es posible que usted piense que se trata de una excursión como otras.
2. Además, el (la) turista que busque regalos y recuerdos verá que éste es el paraíso de las compras.
3. No es necesario que usted lea libros para conocer las maravillas que dejaron los incas.
4. La vida nocturna es tan variada que usted querrá que cada noche tenga cuarenta horas.

¿Indicativo o subjuntivo?

Escoja el indicativo o el subjuntivo para cada frase y explique por qué.

1. Es difícil que usted (encuentra / encuentre) en otro lugar tanta mezcla de lo antiguo y de lo nuevo.
2. No hay ningún otro lugar arqueológico que (puede / pueda) compararse en belleza con esta fabulosa ciudad.
3. ¡Qué sorpresa le (espera / espere) a usted en Buenos Aires!
4. Pero es posible que usted (prefiere / prefiera) la música folklórica.
5. Si le gusta la carne, es preciso que (va / vaya) a comer a alguno de los restaurantes típicos.
6. Dé un paseo por el Parque del Iguazú, donde (abundan / abunden) flores, mariposas y pájaros de todos colores.
7. Será fácil que usted se (imagina / imagine) en el paraíso.
8. Al llegar a esta ciudad pintoresca, usted no dudará de que (es / sea) el sitio perfecto para descansar...
9. Para el (la) turista que (tiene / tenga) ganas de caminar, hay muchas posibilidades.

VOCABULARIO

Traduzca al español.

1. opportunity _____
2. difficulty _____
3. facility _____
4. society _____
5. cruelty _____

DISCUSIÓN

1. ¿Es posible que usted vaya a Sudamérica algún día? ¿Preferiría usted ir con una excursión como ésta o no? ¿Por qué?
2. ¿Ha visto usted algún «fenómeno de la naturaleza»? ¿Cuál? ¿Qué le pareció?

OPINIONES

¿Un mapa diferente?

¿Qué opina usted de este mapa? Hace poco que esta versión nueva y original del mapa de las Américas se circula en varias partes de Estados Unidos. Mírelo unos minutos. Luego, conteste a las preguntas.

1. ¿Por qué es diferente este mapa?
2. ¿Es geográficamente correcto o no? ¿Por qué?
3. Según su opinión, ¿qué quieren los autores de este mapa que nosotros comprendamos?

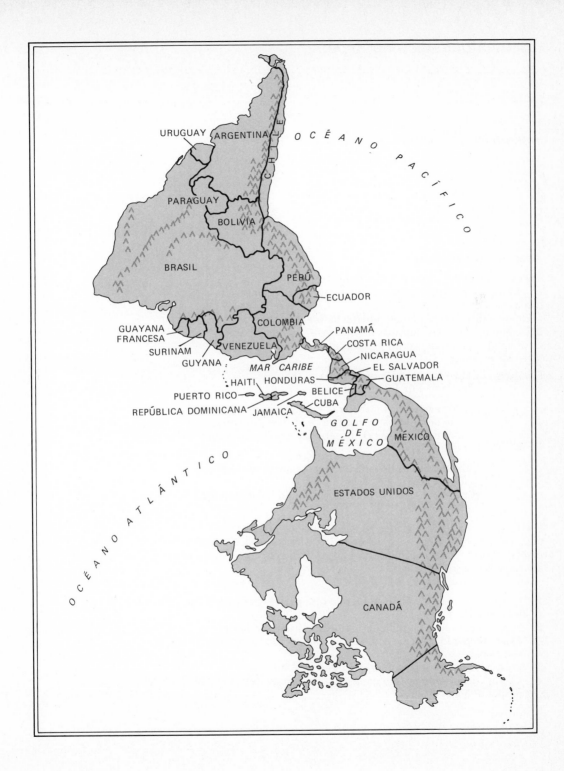

URUGUAY

ARGENTINA

OCÉANO PACÍFICO

CHILE

PARAGUAY

BOLIVIA

BRASIL

PERÚ

ECUADOR

GUAYANA FRANCESA

COLOMBIA

PANAMÁ

COSTA RICA

SURINAM

NICARAGUA

VENEZUELA

EL SALVADOR

GUYANA

MAR CARIBE

GUATEMALA

HAITÍ

HONDURAS

PUERTO RICO

BELICE

CUBA

REPÚBLICA DOMINICANA

JAMAICA

GOLFO DE MÉXICO

MÉXICO

OCÉANO ATLÁNTICO

ESTADOS UNIDOS

CANADÁ

un tema polémico en España:

¿Turismo o industria?

Anticipación de la lectura

Mire el artículo rápidamente por cinco minutos y conteste las preguntas:

1. ¿Cuál es el tema que se discute en el artículo?
2. ¿Por qué es polémico?
3. ¿Cómo describiría usted el punto de vista del autor?

Análisis de diferencias

Lea la siguiente descripción de las cláusulas hipotéticas que empiezan con **si** y use la información para traducir las frases tomadas del artículo.

En español, se usa **si** más el imperfecto (o el pluscuamperfecto) del subjuntivo para las cláusulas hipotéticas — es decir, para las cláusulas que empiezan con **si** y expresan una idea irreal. Mire usted los ejemplos:

Ejemplos: **Si yo fuera usted, no lo haría.**
If I were you, I wouldn't do it.

Si los empleados trabajaran más, ganarían más plata.
If the employees worked more (or were to work more or would work more), they would earn more money.

Si hubiéramos llegado a tiempo, habríamos visto la pieza.
If we had arrived on time, we would have seen the play.

Fíjese en las varias posibilidades para la traducción al inglés, mientras que en español se usa siempre la misma fórmula. Generalmente, se usa el tiempo condicional en la cláusula principal pero *nunca* en la cláusula hipotética.

Ahora, traduzca estas frases:

1. «¿Qué pasaría **si el turismo se fuera a otra parte?**» preguntan los acusadores. (líneas 29 – 31)
2. **Si el año pasado estos millones de turistas hubieran ido a Roma, Belgrado o Atenas,** no habrían encontrado las habitaciones necesarias para alojarse. (líneas 34 – 37)
3. «¿Y qué pasaría **si se produjera una guerra?**» (línea 38)
4. «Si **nos convirtiéramos** sólo en la playa de Europa, sería un triste destino.» (líneas 54 – 55)

¿Turismo o industria?

¿Hoteles o chimeneas? ¿Camareros° o trabajadores de
fábricas?° ¿Hay que «vender» sol y playas o, por el contrario, exportar automóviles y barcos?

Sí: «ser o no ser» un país eminentemente turístico o
eminentemente industrial es el dilema, la duda hamletiana°
de España en el momento actual.° Algunos, como el
economista Manuel Funes Robert, ven el turismo como la
clave° del desarrollo° económico: «Hasta donde llegue el
turismo,° llegará el desarrollo.» Estos partidarios° del
turismo tienen miedo de que la acelerada construcción de
fábricas vaya a contaminar más el agua, el aire y las
playas. Pero, por otra parte, hay muchos partidarios de la
industria que atacan con violencia al turismo.

Waiters
factories

5 **duda**... *Hamlet-like doubt*
presente

key / development
Hasta... *As far as tourism
goes* / *personas que están a
favor*

Desde el punto de vista económico, muchos comienzan a
dudar de que el turismo sea tan beneficioso. Dicen que es   15
un negocio° «frágil», ya que° durante muchos meses del   business / **ya**... since
año se paralizan sus actividades y deja a un gran número
de trabajadores sin empleo.°   trabajo

Otros expertos no están de acuerdo. «No se puede hablar
de fragilidad — explica el escritor Ángel Palomino — en un   20
negocio que hace sus programas de viajes con dos a tres
años de anticipación° y que tiene un mercado mundial   **de**... in advance
calculado en más de 170 millones de consumidores,° de los   personas que compran
cuales una sexta parte° viene a España.» Y nadie niega°   **una**... one-sixth / denies
que el turismo está hoy entre las primeras actividades   25
exportadoras del país.

De acuerdo. Aun concediendo que el turismo haya sido
un milagro° económico en el pasado, ¿debemos continuar   miracle
basando nuestra economía y nuestro futuro en él? ¿Qué
pasaría si el turismo se fuera a otra parte?» preguntan los   30
acusadores.

Interviene° nuevamente el escritor Palomino por la   Habla
defensa: «No es tan fácil. Yo no temo° que nuestros millones tengo miedo de
de visitantes se vayan tan pronto. Si el año pasado estos

millones de turistas hubieran ido a Roma, Belgrado o   35
Atenas, no habrían encontrado las habitaciones necesarias
para alojarse. Son tantos° que no tienen donde ir.»   *so many*

«¿Y qué pasaría si se produjera una guerra?»

«¿Una guerra? —pregunta Palomino—. En el período
entre 1950 y 1970, en el que no ha habido ni un sólo día de   40
paz, fue precisamente cuando se produjo el *boom* del
turismo mundial.»

«No hablamos de unas guerras locales, sino de una
Tercera Guerra Mundial», insisten los acusadores.

«Pues, si se produjera una Tercera Guerra Mundial, no se   45
libraría° ni el turismo ni la industria ni los pájaros,° ni los   **se**... escaparía / *birds*
gatos,° creo yo», contesta Palomino.   *cats*

Pero los partidarios de la industria no sólo atacan el
turismo por motivos económicos. Algunos atacan el turismo
por motivos políticos, diciendo que es «humillante,° servil y 50   *humiliating*
colonizador».° «El turismo ha convertido a nuestro país en   *colonizing* (in the sense that
un gran camarero de Europa y de otros continentes», dice el   poor countries serve rich ones)
profesor Prieto Castro. Y el escritor Luis María Ansón está
de acuerdo cuando dice: «Si nos convirtiéramos sólo en la
playa de Europa, sería un triste destino.»   55

También se critica el turismo por su impacto sobre las
costumbres y la moral de los españoles. Los detractores ven
sólo perversión y corrupción. Los defensores del turismo
ven por el contrario intercambio y acercamiento° entre   *a coming together*
países y personas.   60

¿Qué triunfará° en el combate: el turismo o la industria?   *ganará*
Tal vez° ninguno. O ambos. Surge la pregunta:° ¿Qué   **Tal**... Quizás / **Surge**... *The*
preferiría la mayoría de los españoles si tuvieran la opor-   *question arises*
tunidad de elegir?°   *seleccionar*

Es difícil responder categóricamente. Podría ser sintomá-   65
tica la reacción de mucha gente el año pasado cuando la
Ford° anunció su proyecto de instalar una fábrica de   Compañía Ford
automóviles en España. En varios pueblos miles de habitantes escribieron cartas en las que prácticamente rogaban°   *begged*
a la Ford que pusiera la fábrica en sus respectivas locali-   70
dades. Esta actitud fue interpretada por algunos como un
deseo popular de intensificar la industrialización del país.

España se encuentra hoy en la posición de esas familias
en que los hijos se preparan para ser industriales, inge-
nieros° y técnicos. Pero mientras tanto,° es «papá turismo»   75   *engineers* / **mientras**...
el que les da de comer° aunque para ello el «viejo» tenga   *meanwhile* / **de**... comida
que trabajar de camarero.

De *Visión,* una revista internacional publicada en México.

COMPRENSIÓN DE LA LECTURA

Ideas importantes

Llene los espacios en blanco con las palabras apropiadas para completar las ideas importantes del artículo.

consumidores	fábricas	humillante	desarrollo
playas	camarero	beneficioso	

1. Los partidarios del turismo quieren «vender» sol y _____; los de la industria quieren que se construyan más _____ en España.
2. Según ciertos economistas, hasta donde llegue el turismo, llegará el _____ económico del país.
3. Otros comienzan a dudar de que el turismo haya sido tan _____.
4. El turismo tiene un mercado mundial calculado en más de 170 millones de _____, de los cuales una sexta parte viene a España.
5. Algunos atacan al turismo, diciendo que es «_____, servil y colonizador» y que ha convertido a España en el «gran _____ de Europa».

PREGUNTAS

1. ¿Cuál es el dilema de España en el momento actual?
2. ¿De qué tienen miedo los partidarios del turismo?

3. ¿Por qué dicen los partidarios de la industria que el turismo es un negocio frágil? ¿Está usted de acuerdo?
4. Según el escritor Palomino, ¿sería muy malo para el turismo si se produjera una guerra? Explique.
5. ¿Qué impacto tiene el turismo sobre las costumbres y la moral de los españoles, según los detractores? ¿Y según los defensores del turismo? ¿Qué piensa usted de esta disputa?
6. ¿Qué pedían los miles de españoles que escribieron cartas a la Ford? ¿Qué indica esto?
7. Si usted fuera español, ¿qué preferiría para su país: más turismo o más industria? ¿Por qué?

¿OPINIONES O HECHOS?

¿Sabe usted distinguir entre un hecho y una opinión? A veces no es tan fácil. Para cada una de las ideas tomadas del artículo, diga si es un hecho o una opinión y por qué.

1. _____ Hasta donde llegue el turismo, llegará el desarrollo económico de España.
2. _____ El turismo está hoy entre las primeras actividades exportadoras del país.
3. _____ El turismo es humillante, servil y colonizador.
4. _____ Miles de españoles escribieron cartas en las cuales pedían a la Compañía Ford que pusiera una fábrica en su pueblo.
5. _____ La construcción de fábricas contamina el agua, el aire y las playas.
6. _____ El turismo tiene un enorme mercado mundial con millones de consumidores.
7. _____ Durante muchos meses del año, el turismo se paraliza y deja a un gran número de trabajadores sin empleo.

COMPOSICIÓN

Si alguien le diera a usted cinco mil dólares para hacer un viaje, ¿adónde iría? ¿Por cuánto tiempo? ¿Qué vería y haría allí? Describa brevemente su viaje ideal.

REPASO

¿QUÉ DIRÍA USTED?

Imagínese en las siguientes situaciones. ¿Qué podría decir usted en español? (Hay muchas posibilidades. Trate de expresarse bien y ampliamente.)

1. Usted está en un restaurante y tiene mucha hambre y mucha sed.
2. Usted está en la calle, perdido(a) y no sabe cómo llegar a su hotel.

3. Usted está en una tienda y quiere comprar algunos recuerdos para sus amigos.
4. Usted está en un tren y desea empezar una conversación con otro(a) viajero(a).
5. Usted está muy cansado(a) y ha llegado a un hotel donde piensa pasar la noche.
6. Usted está en una vieja catedral y quiere sacar fotografías pero no sabe si se permite o no. Hay un guardia en la puerta.
7. Usted entra en un taxi y quiere ir a la playa.

EN BUSCA DE LAS FRASES MÁS ÚTILES

Trabajando en grupos pequeños, inventen ustedes una lista de las cinco frases en español que les parecen más útiles para un viaje. (Por lo menos dos de estas frases deben ser mandatos.) Después de hacer la lista, una persona del grupo debe escribirlas en la pizarra. Luego, otra persona le explicará a la clase por qué son importantes estas frases. Al final de todas las explicaciones, la clase decidirá cuál de las listas es la mejor.

ACTIVIDAD

Si usted trabajara en una agencia de viajes, ¿qué lugares de nuestro país recomendaría?

Modelo: A un(a) cliente que quisiera esquiar… le recomendaría que fuera a Lake Tahoe.

A un(a) cliente que quisiera…   le recomendaría que…
1. tomar el sol en una linda playa,   _____.
2. visitar museos y sitios históricos,   _____.
3. divertirse y conocer gente jóven,   _____.
4. ver una maravilla de la naturaleza,   _____.
5. conocer una ciudad bella y de ca-
   rácter especial,   _____.

INTERRELACIONES

Conteste por escrito a las siguientes preguntas. Luego, busque a otra persona de su clase que tenga las mismas respuestas. La primera persona que encuentre a alguien con las mismas respuestas avisará al (a la) profesor(a) y ganará el juego. Acuérdese: «Aquí se habla español.»

1. ¿Cuál te gusta más: la comida mexicana o la comida china?
2. ¿Conoces a alguien que haya viajado en España?
3. ¿Qué país latinoamericano quisieras visitar?

CAPÍTULO OCHO

EL MUNDO DE LA, COMUNICACIÓN

Subjunctive
Tenses

En busca de una visión del mundo

El mensaje principal

Vivimos rodeados de las imágenes artificiales de la publicidad. Ellas están por todas partes: en los trenes y autobuses, en las calles, en las oficinas, en los centros de recreo. Y aunque no queramos, penetran también en nuestras casas a través de los varios medios de comunicación: la radio, el periódico, las revistas, la televisión, el teléfono, el correo.

¿Qué están tratando de comunicarnos estos miles de anuncios? La respuesta parece obvia: quieren que compremos su producto. Naturalmente, pero hay más.

Mensajes escondidos

Las grandes compañías emplean a psicólogos para que hablen con muchos consumidores y descubran sus temores y deseos secretos.*

Luego, inventan imágenes y mensajes que provocan ciertas asociaciones. La masculinidad está asociada con el beber whisky y el manejar autos velozmente; la belleza con ciertos cosméticos; el prestigio con la posesión de un carnet de crédito. Algunos anuncios presentan una situación completamente contraria a la realidad. Nos muestran, por ejemplo, una delgada bailarina que come dulces para que* asociemos los dulces con la buena figura. O presentan un famoso atleta que está fumando a fin de que* asociemos los cigarrillos con la fama y la salud. Desean convencernos visualmente de que al obtener su producto, obtendremos también las cualidades de la persona vista en el anuncio.

La filosofía del consumo

¿Es posible que la publicidad sea responsable en parte de los grandes problemas sociales: el alcoholismo, los accidentes de automóvil, los casos de cáncer comunes en las personas que fuman, etcétera? Algunos creen que sí. Se dice también que la publicidad es una forma de adoctrinamiento porque, básicamente, todos los mensajes publicitarios se reducen a uno: La felicidad consiste en obtener constantemente productos nuevos. No importa que usted compre un producto, siempre necesitará otro que sea aun más esencial. Ésta es la filosofía del consumo. La publicidad vende, junto con el producto, la visión de un mundo feliz, lleno de símbolos materiales que están en un futuro que nunca llega.

¿Noticias o realidad?

Quizás la visión más engañosa que nos presentan los medios de comunicación esté en «las noticias de hoy». Pero, las noticias son la realidad, ¿no? Pues, no. No es cierto que las noticias sean *la* realidad; son *una* realidad muy pequeña y revisada. Alguien tiene que seleccionar, de miles de incidentes, los seis o siete que se puedan incluir en un programa corto de televisión o en la primera página del periódico. ¿Qué es más importante: los resultados de una elección local o el divorcio de una famosa actriz de cine? Hasta cierto punto, la persona que decide esto nos está dando una visión del mundo. A veces la selección parece estar basada en el sensacionalismo, pues lo sensacional vende periódicos. Así es fre-

cuente que veamos en la prensa nacional fotos y detalles completos de actos violentos, lo cual le da al criminal una fama instantánea. Y después, ¿por qué nos sorprendemos de que se imite esa violencia?

A la defensiva

¿Cómo podemos defendernos de los abusos de la publicidad y la prensa y al mismo tiempo conservar la libertad? ¿La censura? Generalmente pensamos en la censura como arma de la represión porque en el pasado los censores han prohibido temas tales como la sexualidad o la libre expresión política. Pero quizás se puede crear una censura limitada que solamente tenga poder para eliminar las falsas promesas de la publicidad y la excesiva glorificación de la violencia.

Muchos creen que una mejor solución sería la formación de una mentalidad más crítica en el público. Todos debemos participar en las organizaciones para consumidores que tratan de ayudarnos a comprar inteligentemente. También debemos utilizar los medios de comunicación —las cartas, los telegramas, el teléfono y la importante decisión de no comprar— para lograr que las visiones que se nos presentan sean realistas e informativas.

EJERCICIOS

COMPRENSIÓN DE LA LECTURA

Frases para completar

1. Los psicólogos que trabajan para las grandes compañías entrevistan a consumidores para descubrir (cuánto dinero tienen en el banco / qué temen y desean secretamente / cuáles son sus convicciones políticas y religiosas).
2. «Si compro un producto, obtengo también la sofisticación y el prestigio de la persona vista en el anuncio.» Esta idea es (lógica / verdad / irracional).
3. Podemos decir que las personas que revisan las noticias nos están interpretando el mundo porque (inventan incidentes falsos / seleccionan de muchos incidentes unos pocos / nos comunican todos los incidentes que han ocurrido).
4. Tradicionalmente la censura sólo ha eliminado temas (sexuales o políticos / de mucha violencia y crueldad / artísticamente inferiores).
5. Según el artículo, a veces las personas locas o criminales cometen actos de violencia porque (tienen miedo de la publicidad / no quieren ver sus fotos en los periódicos / desean la fama instantánea).

PREGUNTAS

1. ¿Dónde están las imágenes artificiales de la publicidad?
2. ¿Cuáles son algunas de las asociaciones falsas que nos presentan los anuncios? ¿Puede usted pensar en otras que no se mencionan en el ensayo?
3. ¿Qué dicen algunos en contra de la publicidad? ¿Cree usted que estas acusaciones son ciertas?
4. ¿Cuál es la «filosofía del consumo»? ¿Qué imagen del mundo propone?
5. ¿Es verdad que las noticias son la realidad? ¿Por qué?
6. ¿Cree usted que es bueno o malo que haya cierta censura en las películas, los libros y los programas de televisión? Explique.
7. ¿Ha notado usted cómo las grandes compañías tratan de engañarnos con su manera de expresar el precio de un producto? ¿Qué hace usted para tratar de comprar inteligentemente?

GRAMÁTICA

Para que, a fin de que

Cambie las siguientes frases, empleando el sujeto indicado. Recuerde que es necesario usar el subjuntivo con **para que** o **a fin de que** cuando hay un *cambio de sujeto*.

Modelo: Las grandes compañías ponen anuncios en todas partes para no olvidar sus productos. (nosotros)
Las grandes compañías ponen anuncios en todas partes para que nosotros no olvidemos sus productos.

1. Las grandes compañías gastan millones de dólares para manipular al público. (los psicólogos)
2. Los anuncios muestran una joven que bebe un refresco, a fin de asociar los refrescos con la juventud. (nosotros)
3. Algunas organizaciones hacen investigaciones a fin de saber qué productos son buenos. (el consumidor)
4. Los medios de comunicación son útiles para expresar opiniones sobre los grandes negocios. (tú)

COMPOSICIÓN O CONVERSACIÓN

Busque en periódicos y revistas algunos anuncios que le parezcan buenos y algunos que le parezcan malos. Luego, usándolos como ilustraciones, explique en español las características de un buen anuncio y las de un mal anuncio.

LA JERGA Y LOS ANIMALES

La jerga *(slang)* es una forma de comunicación que existe en todas las sociedades y cambia rápidmente. En Chile los jóvenes de ahora usan mucho los nombres de animales en su jerga. Una conversación típica entre dos muchachos podría ser así:

5

—Oye, gallo,° hagamos una vaca° y compremos una burra.° Entonces, podremos sacar a las cabras° que son unas pavas.°

—Muy bien. Así no tendremos que andar en liebres° y lo pasamos caballo.°

10

rooster: amigo / *cow:* dinero que se junta entre todos / *donkey:* auto viejo / *she-goats:* muchachas / *turkey hens:* chicas tímidas / *hares:* autobuses / *horse:* muy bien

Ventajas de la censura

Anticipación de la lectura

La censura es un viejo problema en el mundo hispánico. Por eso, muchos hispanos saben muy bien la importancia de «leer entre las líneas». El siguiente artículo de una revista chilena está escrito en un tono irónico y humorístico; el autor dice ciertas cosas, pero quiere que entendamos exactamente lo opuesto. Mire el artículo y las fotos por tres minutos. Luego, conteste las preguntas.

1. ¿De qué habla el artículo?
2. ¿Dónde está la primera sección que muestra la ironía? ¿Por qué es irónico?
3. ¿En qué año fue escrito el artículo? ¿Por qué cree usted que se volvió a publicar en 1984?

Adivinar el sentido de las palabras en contexto

El artículo fue escrito en 1925 y se ve que el estilo es un poco más formal que el estilo de hoy. Usando su conocimiento de los cognados y del contexto, traduzca las palabras y frases en negrilla (**boldface**) al inglés. Luego, dé una traducción aproximada de toda la frase.

1. Por primera vez en mi vida escribo bajo la **censura** militar y les **aseguro** a ustedes que no hay nada más agradable. (líneas 1–2)
2. Todos los países sudamericanos que tienen la **inefable** dicha de poseer un gobierno de facto... (líneas 18–20)
3. ...y este ideal se logra plenamente bajo el control militar, que sólo permite publicar las noticias oficiales y cuenta, además, con un gobierno dispuesto a **castigar** con energía a quien se atreva a **desvirtuarlas.** (líneas 25–28)
4. ¡Qué descanso! ¡Nadie podrá **rectificarnos bajo pena de cometer** una falta de respeto hacia la Junta de Gobierno cuyas opiniones publicamos! (líneas 29–31)
5. Yo —con vergüenza lo digo— antes solía dudar de la **veracidad** de los gobiernos. (líneas 41–42)

Ventajas de la censura

Jenaro Prieto (1889–1946)

Por primera vez en mi vida escribo bajo la censura militar y les aseguro a ustedes que no hay nada más agradable.

Desde luego se experimenta una dulce emoción. ¿Aceptará el censor lo que escribo? ¿Qué cosas borrará?° ¿Tolerará que encuentre constitucionales todos los actos del gobierno? ¿Tendré problemas con la censura si publico la cotización del cambio,° el número de oficiales ascendidos° u otras cifras de carácter oficial?

Esta duda, estos misterios, bastan por sí solos° para comunicar un atractivo especial a la resolución del gobierno. No se comprende cómo hay gente que critique la censura.

Verdad que los diarios que se expresan mal de ella son los que nada tienen que ver° con el asunto, es decir, los que tienen libertad de imprenta.° Los diarios censurados no dicen nunca una palabra en contra de la censura. ¡Y si no protestan ellos, que son los interesados!°

quitará

5

cotización... *rate of exchange* / que han recibido promociones
bastan... son suficientes

10

nada... *have nothing to do*

15 *press*

los... *the ones involved*

Un quiosco en Chile: A veces no se permite vender ciertas revistas.

Por otra parte, hay precedentes favorables. Todos los países sudamericanos que tienen la inefable dicha de poseer un gobierno *de facto*, aún las naciones más modestas, como Bolivia, Perú, Nicaragua, etc., gozan de una magnífica censura periodística. ¿Por qué en Chile no va a existir este adelanto?°

20

progreso

El ideal de todo diario es que ninguna de sus informa-

A diferencia de muchos países latinoamericanos, Chile tiene una sólida tradición democrática. En 1925 hubo un golpe de estado, pero el gobierno militar duró sólo 100 días. Luego, el 11 de septiembre de 1973, el general Pinochet tomó el poder por fuerza, terminando así un período de casi 50 años de democracia chilena.

ciones sea desmentida:° y este ideal se logra plenamente   25 mostrada como falsa
bajo el control militar, que sólo permite publicar las noticias
oficiales y cuenta, además, con un gobierno dispuesto a
castigar con energía a quien se atreva a desvirtuarlas.

   ¡Qué descanso! ¡Nadie podrá rectificarnos bajo pena de
cometer una falta de respeto hacia la Junta de Gobierno   30
cuyas opiniones publicamos!

   No es raro, pues, que yo, con la censura, me sienta como
pez° en el agua. ¡Es tan agradable escribir con la seguridad   *fish*
de que nadie va a contradecirlo!

   Este agrado° sólo puede tener comparación con el que   35 placer
deben experimentar los gobernantes al saber que ningún
diario va a criticarlos.

   ¡Y qué serenidad, qué paz del espíritu se experimenta
creyendo al pie de la letra,° sin vacilaciones ni dudas, en la   **al**... literalmente
palabra de la autoridad!   40

   Yo —con vergüenza lo digo— antes solía dudar de la
veracidad de los gobiernos.

Del periódico chileno *El Diario Ilustrado.* Este artículo fue publicado por
primera vez el 4 de marzo de 1925 y luego volvió a publicarse en la revista
chilena *Hoy* en abril de 1984.

COMPRENSIÓN DE LA LECTURA

Entrelíneas

   ¿Qué quiere decir el autor *realmente?* Es necesario ver el verdadero significado bajo el humor y la ironía. Escriba **sí** delante de las inferencias que se
pueden hacer a base del artículo y **no** delante de las que no se pueden hacer.

1. _____ En realidad, el autor estaba muy contento que ahora existiera la censura en su
país.
2. _____ Antes del cambio de gobierno, Chile había tenido libertad de prensa.
3. _____ Bolivia, Perú y Nicaragua tenían gobiernos militares también en 1925.
4. _____ El autor sentía una gran paz del espíritu porque sabía que podía tener confianza en las palabras del nuevo gobierno.
5. _____ El autor creía que los censores no eran muy inteligentes y que no compren-
derían su tono irónico.

GRAMÁTICA

¿Indicativo o subjuntivo?

Termine las frases tomadas del artículo, escribiendo la forma correcta del verbo entre paréntesis. Luego, diga por qué se emplea el indicativo o el subjuntivo.

1. ¿Tolerará que yo (encontrar) _____ constitucionales todos los actos del gobierno?
2. No se (comprender) _____ cómo hay gente que (criticar) _____ la censura.
3. Verdad que los diarios que se (expresar) _____ mal del ella (ser) _____ los que nada tienen que ver con el asunto...
4. El ideal de todo diario es que ninguna de sus informaciones (ser) _____ desmentida...
5. ...con un gobierno dispuesto a castigar con energía a quien se (atrever) _____ a desvirtuarlas.
6. No (ser) _____ raro, pues, que yo, con la censura, me (sentir) _____ como pez en el agua.
7. ¡Es tan agradable escribir con la seguridad de que nadie (ir) _____ a contradecirlo!

VOCABULARIO

El detective de modismos

Busque en el artículo modismos en español para expresar las siguientes frases.

1. for the first time in my life   _____
2. they have nothing to do with the matter   _____
3. freedom of the press   _____
4. to feel like a fish in water   _____
5. literally, to the letter   _____

PREGUNTAS

1. Según su opinión, ¿qué quería decirnos realmente el autor del artículo?
2. ¿Por qué usa un tono irónico en vez de escribir de una manera directa?
3. ¿Qué libros o programas de televisión conoce usted que critican a nuestro gobierno de manera humorística?

Anticipación de la lectura

Mire el artículo, su título, y las ilustraciones que lo acompañan por dos minutos. Luego, conteste las preguntas.

1. ¿Cuál es el tema del artículo?
2. ¿Qué piensa usted del título?
3. ¿Cree usted que el artículo discute más el aspecto técnico o histórico del tema?

Análisis de diferencias

Lea las siguientes frases tomadas del artículo. Trate de predecir si las secciones entre paréntesis deben usar el indicativo o el subjuntivo, encerrando la forma correcta con un círculo. (Se puede buscar la frase en el artículo después para ver si se ha escogido bien.) Luego, traduzca la frase al inglés.

1. Ella dijo que el «motor analítico» (podría / pudiera) manejar otras cosas además de números y que cualquier objeto de conocimiento cuyas relaciones (podrían / pudieran) expresarse en términos abstractos sería susceptible de análisis en la máquina... (líneas 19–23)
2. El compositor (intuye / intuya) lo que busca y sabe lo que (persigue / persiga) a pesar de que (puede / pueda) realizar todo tipo de investigación y experimentación en el proceso de fabricación de su obra. (líneas 48–51)
3. Si alguien (tardaría / tardara) un minuto en examinar cada una y (emplearía / empleara) ocho horas diarias en ese trabajo sin descanso, (tardaría / tardara) cerca de un millón de años en revisarlas todas. (líneas 54–57)
4. La conclusión (es / sea) aparentemente sencilla: ojalá se (aclaran / aclaren) los misteriosos procesos del cuerpo y la mente humana para que se (pueden / puedan) construir y programar máquinas capaces de aligerar la carga humana en todo campo. Entonces la mente (puede / pueda) dedicarse a las tareas más nobles y profundas. (líneas 60–65)

Las computadoras: «Máquinas estúpidas»

Jorge Velazco

Fracasaron en la música.

De México: La computadora es la primera herramienta° que   utensilio
amplifica la mente humana. Su capacidad para digerir°   *take in*
millones de datos por segundo le permite realizar hazañas°   tareas enormes
de cálculo que a un humano le serían inconcebibles.° Las   inimaginables
computadoras electrónicas han facilitado enormes avances   5
en el terreno de la investigación musicológica, donde el
procesamiento de información es un punto básico. La
capacidad digestiva de esas máquinas ahorra° años y vidas   economiza
enteras de arduo trabajo manual. Su impresionante poder
para el manejo° de datos ha inducido a pensar en utilizarlas 10 manipulación
en el trabajo creativo y ponerlas a componer música.

La invención de la computadora

En la época en que nació Brahms, el gran matemático
inglés Charles Babbage (1792–1871) inventó una máquina
que llamó «motor analítico» y que se puede considerar   15
como la primera computadora de uso general que funcio-
naba a base de un programa. La condesa° de Lovelace   *countess*
(1815–1852), hermana del famoso poeta inglés Byron, era
colaboradora de Babbage. Ella dijo que el «motor analítico»
podría manejar otras cosas además de números y que   20
cualquier objeto de conocimiento cuyas relaciones pudieran
expresarse en términos abstractos sería susceptible de
análisis en la máquina, incluyendo «las relaciones de los
sonidos en la composición musical. Esto permitiría al motor
analítico componer piezas de música elaborada   25
científicamente a cualquier nivel o grado° de complejidad.»   orden

El «motor analítico» de Babbage.

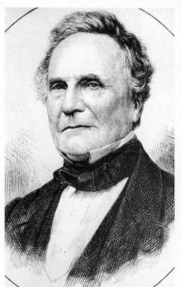

*Charles Babbage, el matemático
inglés que inventó la primera
computadora.*

La computadora como compositor de música

La *Suite Illiac* de 1956 (bautizada° con el nombre de la
computadora que la produjo) fue la primera pieza musical
compuesta por una computadora y su resultado —así como
el de las demás° obras producidas hasta hoy con los
mismos medios— es francamente desalentador° en comparación con las obras producidas por los cerebros humanos
de Bach, Beethoven, Mozart y otros.

baptized

30

otras

disappointing

   Esto no es extraño, puesto que las computadoras, pese a°
su potencial para calcular, son máquinas muy estúpidas.
Una visión como la de Berlioz parece estar absolutamente
fuera del alcance° de los programas actuales. Tal vez esta
situación obedezca al desconocimiento tan grande que se
tiene de la forma cómo el cerebro humano funciona y del
mecanismo mental que condiciona y mueve la composición
de música.

35 **pese**... a pesar de

fuera... *beyond the reach*

40

   A veces dudo, incluso, de las posibilidades presentes de
usar la computadora como medio auxiliar. Es distinto el
caso del cálculo diferencial e integral, donde una computadora escupe° muchísimas aproximaciones de límites para
la observación humana, al de la situación usual de la
creación musical. El compositor intuye lo que busca y sabe
lo que persigue, a pesar de que pueda realizar todo tipo de
investigación y experimentación en el proceso de fabricación de su obra.

45

spits out

50

El verdadero papel de la computadora

Por otro lado, la cantidad de series de doce sonidos conce-
bibles se acerca a los 500 millones de ellas. Si alguien
tardara un minuto en examinar cada una y empleara ocho
horas diarias en ese trabajo sin descanso, tardaría cerca de
un millón de años en revisarlas todas. Así topamos° con el
límite de la vida humana en comparación con la rapidez de
la computadora.

55

encontramos de pronto

   La conclusión es aparentemente sencilla: ojalá se aclaren
los misteriosos procesos del cuerpo y la mente humana
para que se puedan construir y programar máquinas
capaces de aligerar° la carga humana en todo campo.
Entonces la mente puede dedicarse a las tareas más
nobles y profundas. En el momento actual y a pesar de la
fabulosa utilidad y capacidad de trabajo de las computadoras, la composición musical parece ser una de las áreas
que son patrimonio° exclusivo de la mente humana y su

60

hacer más fácil

65

propiedad

inteligencia. La contribución que como herramienta
pueden hacer las computadoras a la creación musical está   70
todavía en un estado tan embrionario° que no puede ser   nuevo
considerado ni siquiera° tan útil como el de un simple   *not even*
piano.

De *Visión*, una revista internacional publicada en México.

COMPRENSIÓN DE LA LECTURA

Selecciones

Escoja la mejor manera de terminar las siguientes frases sobre el artículo.

1. Las computadoras han facilitado enormes avances en el terreno de (la composición de
música / la presentación de conciertos / la investigación musicológica).
2. Charles Babbage era un matemático inglés del siglo XVIII que también era famoso
como (profesor de música / compositor de sinfonías / inventor de la computadora).
3. La condesa de Lovelace creía que el «motor analítico» (estaba limitado al manejo de
números / podría componer piezas de música de manera científica / iba a reemplazar
los instrumentos tradicionales, como el piano).
4. Según el autor, la *Suite Illiac* es (una pieza musical excelente producida por
computadora / la primera pieza musical producida por una computadora y no muy
buena / una pieza musical muy original que sólo podía ser compuesta por el cerebro
humano).

Identificación del punto de vista

¿Cómo describiría usted el punto de vista del autor con respecto a las computadoras? Es un punto de vista negativo o positivo? ¿Está usted de acuerdo
con él? ¿Por qué?

PREGUNTAS

1. ¿Para qué cosas es superior la computadora al cerebro humano?
2. ¿Para qué cosas es inferior?

3. ¿Ha oído usted alguna vez una pieza musical compuesta por una computadora? ¿Le gustó? ¿Si no ha oído una todavía, le gustaría oírla o no? ¿Por qué?
4. ¿Además de la composición musical, en qué otras maneras ha influido la computadora en la música o en las otras artes? ¿Cree usted que va a ser muy importante en este terreno algún día?
5. ¿Para qué usa usted las computadoras? ¿Le parece que usted va a usarlas más en el futuro o no? Explique.

La prueba de la inteligencia

El director del laboratorio de investigaciones sobre la inteligencia artificial era un hombre muy serio que casi nunca se sonreía. Un día su ayudante se sorprendió al ver que su jefe parecía muy contento. —¡Mira el mensaje que recibí de la computadora grande! —dijo. El ayudante leyó   5
el mensaje, que decía así: «El director del laboratorio es un viejo estúpido y ridículo.» —Eso es horrible —dijo el ayudante. —Al contrario, —respondió el director— ¿no ves que la computadora empieza a hablar como un ser humano?   10

REPASO

DIÁLOGO ESTRUCTURADO

Imagine que usted está hablando con una computadora super inteligente y poco cooperativa, una computadora que se ha vuelto tan humana que ya no quiere obedecerlo(la). Trabaje con otro(a) estudiante (que hará el papel de la computadora obstinada) e inventen juntos una conversación, terminando las siguientes frases y utilizando el subjuntivo, por supuesto.

MI DIÁLOGO FRUSTRANTE CON UNA COMPUTADORA

PERSONA: Bueno, hoy quiero que tú _____.
COMPUTADORA: Lo siento. No es posible que yo _____.
PERSONA: Entonces, necesito que tú _____.
COMPUTADORA: ¡Qué problema! Es muy difícil que yo _____.
PERSONA: De acuerdo. Haremos otra cosa. Deseo un programa que _____.
COMPUTADORA: No me gusta que _____.
PERSONA: Sería mucho mejor si tú _____. (Use el imperfecto del subjuntivo aquí, después del verbo condicional.)

COMPUTADORA: En realidad, yo preferiría que nosotros _____.

PERSONA: No me importa que tú _____.

COMPUTADORA: Francamente, yo dudo que usted _____.

PERSONA: ¡Basta ya! Temo que tú y yo _____.

TEMA ESPONTÁNEO

Dé una breve charla o escriba un párrafo (según las instrucciones de su profesor[a]) sobre uno de los siguientes temas:

1. La censura
2. Los programs de la televisión
3. Las computadoras
4. La publicidad

El artista mexicano Rogelio Naranjo da una extraña visión de la comunicación humana en este dibujo. ¿Cómo lo interpreta usted?

VOCABULARIO

This vocabulary includes Spanish words used in the readings and exercises, with the following exceptions: articles, possessives, personal and reflexive pronouns, verb forms other than the infinitive, adverbs ending in **-mente** when the corresponding adjective is given, and exact or very close cognates.

Since **ch, ll,** and **ñ** are considered single letters of the Spanish alphabet, words beginning with the first two of these are found under separate headings, following the letters **c** and **l,** respectively. (No words beginning with **ñ** occur in the book.) Also, words containing **ch, ll,** and **ñ** appear after those containing **c, l,** and **n.** For example, **coche** comes after **cocodrilo, allá** after **alto,** and **año** after **anuncio.**

If a verb has a stem change, the change is indicated in parentheses following the infinitive. For example, **sentir (siento, sintió)** is listed like this: **sentir (ie, i).** Verbs with spelling changes in certain forms also show the change in parentheses. Examples: **parecer (zc)** to indicate the forms **parezco, parezca; destruir (y)** to indicate the forms **destruyó, destruyeron.**

Abbreviations

adj.	adjective
adv.	adverb
dim.	diminutive
e.g.	for example
f.	feminine (noun)
fig.	figuratively
m.	masculine (noun)
pl.	plural
p. p.	past participle
pres. p.	present participle
sup.	superlative

A

a to; for; toward; at
abajo down, below, underneath; **hacia —** downward; **abajo...** down with . . .
abandonar to abandon, leave

abandono *m.* abandonment; giving up
abierto *p. p.* of **abrir** open
abogado,-a *m. & f.* lawyer
abolir to abolish
aborto *m.* abortion

abrazar(se) to embrace, to hug
abril *m.* April
abrir to open
absoluto absolute; **en —** at all
abstracto abstract
absurdo absurd
abuelo,-a *m. & f.* grandfather, grandmother; **—s** grandparents
abundante abundant, copious
abundar to abound
aburrido boring
aburrimiento *m.* boredom, tedium
abuso *m.* abuse, misuse
acá here (less definite than **aquí**)
acabar to finish, end; **— de** + *inf.* to have just . . .
academia *f.* academy, institute
acaso perhaps
acceso *m.* access, approach
accidente *m.* accident
acción *f.* action
acelerado accelerated, speeded up
aceptar to accept
acera *f.* sidewalk
acerca de about
acercamiento *m.* approach, coming together
acercarse a to draw close to; to approach; to come (go) up to
aclarar to clarify
aclimatado aclimatized, adjusted
acompañamiento *m.* accompaniment, escort
acompañar to accompany, go with
aconsejable advisable
acostumbrado usual, customary
acostumbrarse a to be accustomed to; to get used to
acreditado accredited, vouched for
acrópolis *m.* fortified upper part of an ancient city
actitud *f.* attitude
actividad *f.* activity
activo active
acto *m.* act, action, ceremony
actriz *f.* actress
actual present, present-day
actualmente nowadays, at present
actuar to act
acuario *m.* aquarium
acueducto *m.* aqueduct
acuerdo *m.* agreement; **estar de — (con)** to be in agreement (with); **de — con** in accordance with
acumulado accumulated

acusado,-a *m. & f.* accused; defendant
acusador,-a *m. & f.* accuser; *adj.* accusing
acusar to accuse
adaptación adaptation; adjustment
adaptar to adapt; to fit
adecuado adequate, suitable
adelanto *m.* advance, progress
además besides, moreover; **— de** besides, in addition to
adivinanza *f.* riddle
adivinar to guess
adjetivo *m.* adjective
administrar to administer; to manage
admirablemente wonderfully
admiración *f.* admiration
admirar to admire
admitir to admit
adonde where; **¿Adónde...?** Where . . . ?
adopción *f.* adoption
adoptar to adopt
adoración *f.* adoration
adornado decorated
adorno *m.* decoration
adquirido acquired; **lo —** acquired characteristics
adquirir to acquire
aduana *f.* customs agency (at a national border)
adulto *m.* adult
aeródromo *m.* aerodrome, airport
afectar to affect, have an effect on
aficionado,-a *m. & f.* amateur, fan; **ser — (a)** to be fond (of), addicted (to)
afirmación *f.* assertion, declaration
afirmar to assert, affirm
África del Sur *f.* South Africa
africano African
agarrar to grab, take hold of
agencia *f.* agency, bureau; **— de viaje** travel agency
agente *m.* agent
agitar to wave, shake
agonizar to be in the throes of death
agotamiento *m.* exhaustion, depletion
agradable pleasant, agreeable
agradar to please
agradecer to thank for, be grateful for
agrado *m.* pleasure; **de su —** of their choosing
agrandar to enlarge
agresión *f.* aggression
agresividad *f.* aggression, aggressiveness
agricultor,-a *m. & f.* farmer
agricultura *f.* agriculture, farming
agronomía *f.* agronomy

agrupación *f.* grouping
agrupar to group
agua *f.* water
aguantar to put up with
agüero *m.* augury, omen
aguja *f.* needle; indicator (of a machine)
ahí there; **de —** therefore
ahito surfeited
ahora now, at present; **— bien** now then
aire *m.* air; **al — libre** open-air
aislado isolated
aislarse to become isolated; to isolate oneself
ajeno not one's own, other people's
al (**a + el = al**) to the; for the; at the; toward the
ala *f.* wing
alacrán *m.* scorpion
alado winged, with wings
alargado enlarged, long, extended
alcohólico alcoholic
alcoholismo *m.* alcoholism
aldea *f.* village
alegrar to brighten, make cheerful
alegre happy
alegría *f.* joy, gaiety, merriment
alejado remote
alemán *m.* German language
Alemania *f.* Germany
alfabeto *m.* alphabet
alga *f.* seaweed
algo something; **— +** *adj.* somewhat, rather
alguien someone, somebody
algún, alguno,-a some, any, someone; **—s** some, various; **— día,** some day
algunos some people; some
alienado alienated
alienar to alienate
alimento *m.* food, nourishment
alisar to smooth; to polish; to straighten (hair)
alivio *m.* relief
alma *f.* soul
almuerzo *m.* lunch
alocado mad, wild
alojarse to lodge, stay (at a hotel, etc.)
alpinismo *m.* mountain climbing
alpinista *m. & f.* mountaineer, alpinist, mountain climber
alrededor de around; **alrededores** surroundings
alternado alternating
alternativa *f.* alternative, option
alto high; noble; **hacia lo —** upward

allá, allí there, over there
amable nice, kind
ama de casa *f.* housewife
amado,-a *m. & f.* beloved, loved one
amante *m. & f.* lover; mistress
amarillo yellow
Amberes Antwerp
ambicionar to be ambitious for
ambiente *m.* environment; atmosphere
ámbito *m.* sphere, field
ambos both
amenaza *f.* threat
amenazante threatening
americano American
amigo,-a *m. & f.* friend
amistad *f.* friendship
amistoso friendly
amo,-a *m. & f.* master; mistress
amoldamiento molding, shaping
amor *m.* love; **—es** love affairs
ampliación *f.* amplification
amplificar amplify, increase the power of
amplio wide, full
análisis *m.* analysis
analítico analytical
anaranjado orange-colored
anciano,-a *m. & f.* old man; old woman
andar to walk, go about; **¡Anda!** Go ahead!
andino of the Andes, Andean
anhelo *m.* yearning
anidar to nestle, take shelter
animal *m.* animal, beast
animarse to become animated
ánimo *m.* courage, energy; **estado de —** mood, state of mind
aniquilar to destroy
aniversario *m.* anniversary
anoche last night
anónimo anonymous
ansioso (de) anxious, yearning (for)
ante before, in the presence of; **— todo** above all
antes before, some time ago; **— de** before
anticipación *f.* anticipation; looking ahead; **de —** in advance
anticonceptivo *m.* contraceptive
antiguo ancient, old
antitético antithetical; opposite
antónimo *m.* antonym, word meaning the opposite of another
antropología *f.* anthropology
antropólogo,-a *m. & f.* anthropologist
anual annual
anular to cancel, revoke

anunciador,-a *m*. & *f*. announcer; advertiser

anunciar to announce

anuncio *m*. announcement; advertisement

año *m*. year; **Año Nuevo** New Year

apagarse to go out (a flame or light)

aparato *m*. apparatus

aparecer (zc) to appear

aparente apparent

aparición *f*. appearance

apartamento *m*. apartment

aparte apart, separate

apellido *m*. last name; **— de soltera** maiden name

aplanadora *f*. road roller, steam roller

aplaudir to applaud

aplicar to apply

apóstol *m*. apostle

apoyar to support

apreciación *f*. appreciation

aprender to learn

aprobación *f*. approval

aprobar (ue) to approve, consent to; to pass

apropiado appropriate

aprovechar to take advantage of

aproximadamente approximately

aproximarse a to approach, come near

aquél, aquella that, that one

aquellos, aquellas those

aquí here

árabe *m*. & *f*. Arab

árbol *m*. tree

arcángel *m*. archangel

arco *m*. arch; **— iris** rainbow

arcón *m*. chest, trunk

arduo arduous

área *f*. area

arena *f*. sand

arenal *m*. desert

argentino,-a *m*. & *f*. Argentine, Argentinian

argot *m*. slang

argumento *m*. argument, reason

aristócrata *m*. & *f*. aristocrat

arma *f*. arm, weapon, armament

armonía *f*. harmony

arqueológico archaeological

arqueólogo *m*. archaeologist

arquitecto *m*. architect

arquitectura *f*. architecture

arraigo *m*. hold, attachment

arreglar to arrange, order, fix

arrestar to arrest

arresto *m*. arrest, detention

arriba up, above, high

arrogante arrogant

arte *m*. & *f*. art

artesano *m*. craftsman, artisan

artículo *m*. article

artista *m*. & *f*. artist

artístico artistic

asalto *m*. attack, assault

ascendido promoted

asegurar to assure

asesinar to murder

asesinato *m*. murder

asesino,-a *m*. & *f*. murderer, murderess, killer

así thus, like that, in this way, so; **— que** and so

asilo *m*. asylum

asimismo likewise, also

asistencia *f*. aid, assistance; attendance

asistir a to attend

asociar to associate

asombrar to shock, amaze

aspecto *m*. aspect, look, appearance

aspiración *f*. aspiration, ambition

aspirar (a) to aspire to

astrología *f*. astrology

astronauta *m*. & *f*. astronaut

astronomía *f*. astronomy

asunto *m*. matter, issue

atacar to attack

atar to tie (up), fasten

Atenas *f*. Athens

atención *f*. attention

atender (ie) to take care of; to attend; to pay attention to

atento alert, concentrated

atinado wise, right

Atlántida *f*. Atlantis, mythical continent said to have sunk under the sea

atleta *m*. & *f*. athlete

atómico atomic

atracar to hold up, rob

atracción *f*. attraction

atractivo attractive; *m*. attraction

atraer to attract

atrapar to trap, catch

atrás (de) behind, in back (of)

atrasado backward, retarded

aullar to howl

aumentar to increase

aumento *m*. increase; **en —** on the increase

aun even, still; **aún** still, yet (in the time sense)

aunque although, even though

ausencia *f*. absence

ausente absent

australiano,-a *m. & f.* Australian
auténtico authentic
auto *m.* automobile, car
autobús *m.* bus
autodestrucción *f.* self-destruction
automático automatic
automóvil *m.* automobile, car
automovilista *m. & f.* motorist, person traveling in a car
autopista *f.* highway
autor,-a *m. & f.* author, authoress, writer
autoridad *f.* authority
autostop *m.* hitchhiking
autostopista *m.* hitchhiker
auxilio *m.* aid, help
avalado guaranteed, sponsored, pledged for
avance *m.* advance, advancement
avanzado advanced; developed
avanzar to advance, move forward
avaricia *f.* avarice
avenida *f.* avenue
aventura *f.* adventure; love affair
aventurado adventurous; risky; exaggerated
avería *f.* (car) breakdown; mechanical failure
avión *m.* airplane
aviso *m.* warning; notice; **— publicitario** advertisement
¡ay! oh!
ayer yesterday
ayuda *f.* help
ayudante *m.* assistant, helper
ayudar to help
azotes *m. pl.* lashes, whipping
azul blue

B

bailar to dance; **lo bailado** what one has danced (*i.e.*, enjoyed)
bailarín,-a *m. & f.* dancer
baile *m.* dance
bajar to get down, get off
bajarse to get down; to go down
bajo lower, low; short (in stature); *prep.* under
balcón *m.* balcony
baluarte *m.* bulwark
banca *f.* bench
bancario bank, in the bank
banco *m.* bank
banda *f.* band

bandada *f.* flock
bandera *f.* flag
banquete *m.* banquet, dinner
bañar(se) to bathe, wash (oneself)
baño *m.* bath; **cuarto de —** bathroom
barato cheap, inexpensive
barbitúrico *m.* barbiturate
barco *m.* ship
barra *f.* bar (of a cage, jail)
barrio *m.* neighborhood
basándose (en) basing themselves (on)
basar to base
básico basic
básquetbol *m.* basketball
bastar to be enough; **basta** that's enough
basura *f.* garbage, trash
batalla *f.* battle
batir to beat
beber to drink
bebida *f.* drink
beca *f.* scholarship, grant
béisbol *m.* baseball
belga *m. & f.* Belgian; *adj.* Belgian
Belgrado Belgrade, capital city of Yugoslavia
belleza *f.* beauty
bello beautiful
beneficioso beneficial
besar to kiss
beso *m.* kiss
Biblia *f.* Bible
biblioteca *f.* library
bicicleta *f.* bicycle
bien well, properly, all right; **pasarlo —** to have a good time; **más —** rather; **¡Qué bien!** Oh good!; **el — y el mal** good and evil
bilingüe bilingual
billete *m.* ticket
biológico biological
bisabuelo,-a *m. & f.* great-grandfather, great-grandmother; **—s** great-grandparents
blanco white; blank
bocina *f.* horn
bodas *f. pl.* wedding
boicot *m.* boycott
bomba *f.* bomb
bombardeo *m.* bombing, bombardment
Bonampak ancient Mayan city, now in ruins
bonito pretty
bordado *m.* embroidery
bordar to embroider
borrachera *f.* drunkenness

borracho,-a *m. & f.* drunk, drunkard; *adj.* drunk, inebriated
borrar to erase
bota *f.* boot; —**s vaqueras** cowboy boots
botánico botanical
bote *m.* boat
boxeo *m.* boxing
brasileño,-a *m. & f.* Brazilian; *adj.* Brazilian
bravo savage, brave; **fiesta —a** bullfight
breve brief
brillante brilliant
brillar to shine, glitter
brocha *f.* brush
broma joke, trick; **gastar —s** to play jokes
brujo *m.* medicine man, shaman
brusco brusque, sudden
brusquedad *f.* brusqueness, suddenness
bueno good; well then, well now; all right
burgués bourgeois, middle-class
burocracia *f.* bureaucracy
burro,-a *m. & f.* donkey
busca *f.* search
buscar to search, look for
búsqueda *f.* search

C

caballo *m.* horse
cabecera *f.* head; capital
cabeza *f.* head; chief
cabo *m.* end
cada each, every
cadáver *m.* cadaver, dead body
caer to fall
café *m.* coffee; coffee house
calavera *f.* skull
calcetín *m.* sock, stocking
cálculo *m.* calculation
calendario *m.* calendar
calidad *f.* quality
caliente hot
calificación *f.* qualification
calma *f.* calm, serenity
calmarse to calm down
calor *m.* heat
calvinista Calvinist
calle *f.* street
cama *f.* bed
camarero,-a *m. & f.* waiter, waitress
camarógrafo *m.* cameraman
cambiar to change; **— de opinión** to change (one's) mind
cambio *m.* change
caminante *m. & f.* traveler

caminar to walk
camino *m.* road, way
campamento *m.* camp
campana *f.* bell
campeón,-a *m. & f.* champion
campeonato *m.* championship
campesino,-a *m. & f.* farmer, person from the countryside
campo *m.* country, countryside; field
canadiense Canadian
canal *m.* channel
canción *f.* song
canibalismo *m.* cannibalism
cansancio *m.* tiredness, fatigue
cansarse to get tired
cantante *m. & f.* singer
cantar to sing
cantidad *f.* quantity
canto *m.* song, singing, chant
caos *m.* chaos
capacidad *f.* capacity
capaz capable; *pl.* capaces
capitalismo *m.* capitalism
capítulo *m.* chapter
caprichoso capricious
captado captured, captivated
cara *f.* face
carácter *m.* character
característica *f.* characteristic
caracterizado characterized
carcajada *f.* loud laugh, burst of laughter
cárcel *f.* jail, prison
carecer (de) to lack, be lacking
cargo charge; job; **a — de** in charge of
cariñosamente affectionately
carnaval *m.* carnival celebration before the beginning of the religious season of Lent
carne *f.* meat
carnet *m.* card
carnívoro carnivorous
caro expensive, costly
carrera *f.* race, running; career, profession
carretera *f.* highway
carta *f.* letter
cartel *m.* sign
casa *f.* house; **en —** at home
casado,-a *m. & f.* married person; *adj.* married
casarse to get married
cascada *f.* waterfall
casco *m.* helmet
caserón *m.* mansion
casi almost
caso *m.* case; **en tal —** in such an event;

en — de in case of; **— de estudio** case study

castellano *m.* Spanish

castigar to castigate, punish

catarata *f.* waterfall

catarsis *f.* catharsis

catástrofe *f.* catastrophe

catedral *f.* cathedral

categoría *f.* category

categóricamente categorically

católico Catholic

causa *f.* cause; **a — de** because of; **¿A — de qué...?** How . . . ? For what cause . . . ?

causar to cause

caza *f.* hunting

celebración *f.* celebration

celebrar to celebrate

celoso jealous

cementerio *m.* cemetery

cena *f.* supper

censura *f.* censorship

centenares *m. pl.* hundreds

centro *m.* center; **— para niños** child-care center; **en el —** in the middle

Centroamérica Central America

cerca near, close; **— de** next to, near to; **de —** close up

cercano near, close

cerebro *m.* mind, brain

ceremonia *f.* ceremony

cero *m.* zero

cerrado closed, locked; narrow-minded

cesar to cease; **sin —** without ceasing

cielo *m.* sky; heaven

cien, ciento hundred

ciencia *f.* science; **ciencia ficción** science fiction

científico,-a *m. & f.* scientist; *adj.* scientific

cierto certain, true

cifra *f.* number; digit

cigarrillo *m.* cigarette

cinco five

cincuenta fifty

cine *m.* movies, cinema

cinematográfico of movies, of the cinema

cintura *f.* waist

circulación *f.* traffic; movement

circular to circulate

circularse to circulate

círculo *m.* circle

circunstancia *f.* circumstance

cita *f.* date, appointment

ciudad *f.* city

ciudadano,-a *m. & f.* citizen

civilización *f.* civilization

civilizado civilized

claridad *f.* clarity

claro clear; naturally; **— está** naturally, of course

clase *f.* class

clásico classical

clasificación *f.* classification

clasificar to classify

cláusula *f.* clause

clave *f.* key *(fig.)*, key point

cliente *m. & f.* client, customer

clima *m.* climate

clínica *f.* clinic

coartada *f.* alibi

cobrar to charge

cocina *f.* kitchen

cocinar to cook

cocodrilo *m.* crocodile

coche *m.* car, automobile

codo *m.* elbow

cognado *m.* cognate

cohetes *m. pl.* fireworks

coincidencia *f.* coincidence

colaborador,-a *m. & f.* collaborator, co-worker

colapso *m.* collapse

colchón *m.* mattress

colectivo collective, mass

colegio *m.* high school

colocación *f.* placement

colocar to put, place

colombiano,-a *m. & f.* Colombian; person from Colombia; *adj.* Colombian

colonizador colonizing, imperialistic

colonizar to colonize, settle

colorista colorful

combate *m.* fight, struggle, combat

combatir to fight

combinación *f.* combination, blending, mixture

combinar to combine

comedor *m.* dining room

comentar to comment

comentario *m.* commentary

comenzar (ie) to begin

comer to eat

comercialismo *m.* commercialism

comercialización *f.* commercialization

comercio *m.* commerce, trade

cometer to commit

comida *f.* food; meal; dinner

comienzo *m.* beginning

comisario *m.* commissary; committee

como as, like, such as; since; **¿Cómo...?** How . . . ?

comodidad *f.* comfort

compañero,-a *m. & f.* comrade, companion, classmate

compañía *f.* company, firm

comparación *f.* comparison

comparar to compare

compensación *f.* compensation

competición *f.* competition, contest, race

competir (i) to compete

complejidad *f.* complexity

completar to complete

completo complete, full; **por —** completely

complicado complicated

componer to compose, make up

composición *f.* composition

compositor,-a *m. & f.* composer

compra *f.* purchase; **hacer —s** to shop, to do the shopping

comprar to buy, purchase

comprender to understand

comprobar to check, verify

compuesto (de) composed, made up (of)

compulsivo compulsive

computador,-a *m. & f.* computer

común common, ordinary

comunicación *f.* communication

comunicar to communicate

comunidad *f.* community

comunismo *m.* communism

con with; **¿— quién(es)...?** with whom . . . ?

concebible conceivable

conceder to concede

concepto *m.* concept, idea

concluir to conclude

conclusión *f.* conclusion

concreto concrete

condición *f.* condition

condicional conditional; **condicional perfecto** *m.* conditional perfect (verb)

conducir (zc) to drive (a car, boat, etc.)

conducta *f.* conduct, behavior

conductor,-a *m. & f.* driver

confianza *f.* confidence; **falta de —** lack of confidence

confirmar to confirm

conflicto *m.* conflict

confrontación *f.* confrontation

congregación *f.* congregation

conjunto *m.* group, band

conmemorar to commemorate

connacional *m. & f.* compatriot, person of one's own nationality

conocer (zc) to know; to be acquainted with; to meet

conocido known; familiar; **poco —** little known

conocimiento *m.* knowledge

Cono Sur *m.* Southern Cone (of Latin America)

conquista *f.* conquest; the Spanish colonization of the Americas

conquistador,-a *m. & f.* conqueror, early Spanish explorer

conquistar to conquer, overcome

consecuencia *f.* consequence; **como —** as a result

conseguir to get, obtain

consejos *m. pl.* advice, pieces of advice

conservador conservative

conservar(se) to preserve; to be preserved

considerar to consider

consistir (en) to consist (of)

constante constant, continual

constituir to constitute, form

construcción *f.* construction, building

construir (y) to build, construct

consumidor,-a *m. & f.* consumer

consumo *m.* consumption

consunción *f.* consumption (being consumed)

contacto *m.* contact

contaminación *f.* contamination, pollution

contaminar to contaminate, pollute

contar (ue) to tell, recount (a story); to count

contemplado watched, viewed

contemplar to contemplate

contener (ie) to contain, hold in

contento happy, content

contestación *f.* answer, reply

contestar to answer, reply

continente *m.* continent

continuar to continue

contra against; **(estar) en — de** (to be) against; in opposition to

contrabandista *m. & f.* smuggler

contradicción *f.* contradiction

contradictorio contradictory

contrario opposite, contrary; **al —, por el —** on the contrary; **lo —** the opposite

contraste *m.* contrast

contribuir (y) to contribute

controlar to control

controversia *f.* controversy

conurbación *f.* megalopolis; merging together of many cities into one urban mass

convencer to convince

convención *f.* convention
convencional conventional
conversación *f.* conversation
convertir (ie) to change, convert; **—se en** to become, to change into
convicción *f.* conviction, belief
convincente convincing
cooperación *f.* cooperation
cooperar to cooperate
Copán ancient Mayan city, now in ruins
corazón *m.* heart
correcto proper
corregir (i) to correct
correo *m.* mail, postal service
correr to run; to speed; to jog
correspondencia *f.* mail
correspondiente corresponding
corrida (de toros) *f.* bullfight
corriente ordinary, average
corrupción *f.* corruption
cortesía *f.* courtesy
cortesmente courteously
corto short
cosa *f.* thing
cosméticos *m. pl.* cosmetics
cosmopolita cosmopolitan
costar (ue) to cost
costo *m.* cost; **— de la vida** cost of living
costumbre *f.* custom, habit
cotidiano everyday
creación *f.* creation
crear to create
creatividad *f.* creativity
crecer (zc) to grow, increase
crecimiento *m.* growth, increase
crédito *m.* credit; *f.* **tarjeta de —** credit card
creencia *f.* belief
creer to believe
cremación *f.* cremation
cresta *f.* peak
criada *f.* maid, female servant
criar to raise, rear, bring up (children)
crimen *m.* crime
criminólogo,-a *m. & f.* criminologist
cristal *m.* glass
cristalera *f.* glass door
cristiano,-a *m. & f.* Christian
Cristo *m.* Christ
criterio *m.* criterion; standard; **a mi —** in my opinion
crítica *f.* criticism
criticar to criticize
crítico critical
crucigrama *m.* crossword puzzle

crueldad *f.* cruelty
cruz *f.* cross
cruzar (zc) to cross (over)
cuadra *f.* block (of houses)
cuadro *m.* picture, painting; square; **a —s** checkered
cual which; **¿cuál(es)...?** which one(s) . . . ?, which . . . ?; **el —** he who, that which
cualidad *f.* quality, characteristic
cualquier,-a any, any one
cuando when; **de vez en —** from time to time; **¿Cuándo...?** When . . . ?
cuanto how much; **¿Cuánto,-a...?** How much . . . ?; **¿Cuántos,-as...?** How many . . . ?
cuarto *m.* room; *adj.* fourth
cuatro four
cuatrocientos four hundred
cubano Cuban
cuchicheo *m.* low whispering
cuenta *f.* bill (for a meal, services, etc.)
cuento *m.* story
cuerno *m.* horn (of an animal)
cuerpo *m.* body; section
cuestión *f.* question; issue
cuestionario *m.* questionnaire
cueva *f.* cave
cuidado *m.* care; **tener —** to be careful
cuidar to take care of
culminar to culminate
culpa *f.* guilt; **tener la —** to be guilty
culpable guilty
cultivar to cultivate, plant
cultivo *m.* cultivation, growing
cultor,-a *m. & f.* fan, cultivator
cultura *f.* culture
cumpleaños *m.* birthday
cumplir to finish, fulfill; **— con** to comply with
cúpula *f.* dome, cupola
cura *m.* priest
curar to cure
curiosidad *f.* curiosity
cursar to study; to take courses in
curso *m.* course; **— obligatorio** required course
curva *f.* curve

CH

chico,-a *m. & f.* boy, girl; *adj.* little, small
chicha *f.* alcoholic drink made from corn
Chichén Itzá ancient Mayan city, now in ruins

chileno,-a *m. & f.* Chilean; *adj.* Chilean
chimenea *f.* chimney
chino,-a *m. & f.* Chinese person; *adj.* Chinese
chiste *m.* joke

D

dama *f.* lady
danza *f.* dance
dañar to damage
dar to give; **— de comer** to feed; **—se cuenta de** to realize, be aware of; **— un paseo** to take a walk; **— un paso** to take a step; **—le salida (a)** to find an outlet (for), give vent (to); **— un examen** to take a test; **— vuelta** to take a walk, go around in a circle
datos *m. pl.* data
de of, from
debajo (de) under, underneath
deber ought, should; to owe
debido a owing to, because of
débil weak
década *f.* decade
decadencia *f.* decadence
decidir to decide
decir to say, tell; **es —** that is
declarar to state, declare, assert
decoración *f.* decoration
decorar to decorate
dedicar(se) to dedicate (oneself); to be dedicated
dedo *m.* finger; toe; **echar —** to hitchhike
defecto *m.* defect, fault, flaw
defender (ie) to defend
defensa *f.* defense
defensor,-a *m. & f.* defender
definición *f.* definition
definir to define
deformación *f.* deformation, distortion
deformar to deform
deidad *f.* deity, god
dejar to leave (someone or something); **— de** (+ *inf.*) to stop (. . . -ing); **—se engañar** to let (oneself) be fooled
del (de + el = del) of the, from the
delante de in front of
delegación *f.* delegation
delgado thin
delicado delicate
delicioso delicious
delincuencia *f.* delinquency
delincuente *m. & f.* delinquent, (criminal) offender

delirante delirious
delirio *m.* delirium
demandar to demand
demás other
demasiado too; too much; **—s** too many
democracia *f.* democracy
democrático democratic
demonio *m.* demon, devil
demostrar (ue) to demonstrate, show
denso dense, thick
dentro (de) inside, in
dependencia *f.* dependence
depender (de) to depend (on)
dependiente,-a *m. & f.* sales clerk
deporte *m.* sport
deportivo sporting; of sports
depósito *m.* deposit
depresivo *m.* depressant drug
derecho *m.* law; right; **tener — a** to have a right to; *adv.* straight
derivarse (de) to derive (from)
desagradable unpleasant, disagreeable
desahogo *m.* unburdening, outlet, letting loose of feeling
desaparecer (zc) to disappear
desaparición *f.* disappearance
desarrollar to develop
desarrollo *m.* development
desastre *m.* disaster
desastroso disastrous
desatar to untie, set free
descansar to rest
descanso *m.* rest
descargar to discharge
descender to descend, come down
descifrar to decipher, decode
desconfiado mistrustful
desconfianza *f.* lack of confidence, suspicion
desconocido,-a *m. & f.* stranger; *adj.* unknown
descontento *m.* dissatisfaction, discontent; *adj.* unhappy, discontented
describir to describe
descripción *f.* description
descrito (*irreg. p. p. of* **describir**) described
descubierto (*p. p. of* **descubrir**) discovered
descubrimiento *m.* discovery
descubrir to discover
desde (que) since, from
desear to desire, want, wish
desempleo *m.* unemployment
deseo *m.* desire, wish
desequilibrarse to become unbalanced, disturbed

desesperación *f.* desperation
desesperadamente desperately
desfile *m.* parade
desgarrar to rip open, tear
desierto *m.* desert
desilusión *f.* disappointment, disillusionment
deslizarse to slip by
desmedido limitless, excessive
desmentido (*p. p.* of **desmentir**) proven wrong
desnudo naked
despensa *f.* pantry; supply
despertar (ie) to awaken
despierto awake
desplegado unfolded, spread out
despoblación *f.* depopulation
después (de) after, afterward
destino *m.* destination; destiny
destrucción *f.* destruction
destruido destroyed
destruir (y) destroy
desventaja *f.* disadvantage
desvirtuar to call into doubt, cast a bad light on
detener(se) to stop
detergente *m.* detergent
determinado certain, definite
determinar to determine
detestar to detest, despise
detractor *m.* disparager, detractor
detrás (de) behind, in back of
devastar to lay waste
devoción *f.* devotion
día *m.* day; **— de fiesta** or **— feriado** holiday; **de un — para otro** overnight; **Día de los Muertos** Day of the Dead
Diablada *f.* Devil Dance
diablesco diabolic
diablo *m.* devil
diálogo *m.* dialogue
diariamente daily
diario daily; *m.* daily newspaper
dibujar to draw
dibujo *m.* drawing, sketch
diccionario *m.* dictionary
diciembre *m.* December
diciendo (*pres. p.* of **decir**) saying, telling
dictador *m.* dictator
dictadura *f.* dictatorship
dicha *f.* bliss; good fortune
dicho (*p. p.* of **decir**) said, told; mentioned
diecinueve nineteen
dieciséis sixteen
diecisiete seventeen

diez ten
diferencia *f.* difference
diferente different
difícil difficult
difundido circulated, distributed
difunto,-a *m. & f.* dead person
digerir to digest
Dinamarca *f.* Denmark
dinámica *f.* dynamics
dinamita *f.* dynamite
dinero *m.* money
Dios *m.* God
directo direct
dirigente *m. & f.* leader
dirigir to direct, lead; **dirigirse (a)** to go (toward); to direct oneself (toward)
disciplina *f.* discipline
disco *m.* phonograph record
discreto discrete
discriminación *f.* discrimination
discurso *m.* lecture
discusión *f.* discussion
discutir to discuss, dispute
diseñado designed
disfraz *m.* costume
disfrutar to enjoy
disipado dissipated
disjockey *m.* disc jockey
disminución *f.* decrease
disminuir to diminish
disparadero *m.* trigger; state of madness
dispuesto (a) disposed, willing (to)
distancia *f.* distance
distracción *f.* distraction, entertainment
distribución *f.* distribution
distribuido distributed
diversos,-as various; different
divertido amusing, funny
divertir (ie, i) to amuse, entertain; **divertirse** to enjoy oneself, have a good time
dividido divided
divorciado divorced
divorcio *m.* divorce
doble double
doblegado bent, subordinated
doce twelve
docena *f.* dozen
documento *m.* document
doler (ue) to hurt
dolor *m.* pain
domicilio *m.* domicile, residence
dominar to dominate; to predominate
domingo *m.* Sunday
donde where; **¿Dónde...?** Where . . . ?

dormido asleep, sleeping
dormir (ue, u) to sleep; to put to sleep
dormitar to doze
dormitorio *m.* bedroom
dos two
doscientos two hundred
dramático dramatic
dramatización *f.* play, drama
droga *f.* drug
duda *f.* doubt
dudar to doubt
dueño,-a *m. & f.* owner
dulce sweet
duque *m.* Duke; *pl.* **duques** the Duke and Duchess
duquesa *f.* Duchess
durante during
durar to last, continue
durmiendo (*pres. part.* of **dormir**) sleeping
duro hard, harsh

E

ebriedad *f.* drunkenness, inebriation
ecología *f.* ecology
ecológico ecological
economía *f.* economy
económica economic, economical
economista *m. & f.* economist
ecuatoriano *m. & f.* Ecuadorean; *adj.* from Ecuador
echar to throw; **— una mirada** to take a look
edad *f.* age; **— Media** Middle Ages
edificio *m.* building
editar to edit
educación *f.* education; upbringing
educado educated, trained
educativo educational
EEUU (abbreviation for **Estados Unidos**) United States of America
efecto *m.* effect
efervescencia *f.* effervescence
eficaz effective
ejecutivo,-a *m. & f.* executive
ejemplar *m.* specimen, copy
ejemplo *m.* example
ejercicio *m.* exercise
ejército *m.* army
elaborado elaborate; elaborated
elección *f.* election
electricidad *f.* electricity
electricista *m. & f.* electrician
eléctrico electric
electrodo *m.* electrode

elegancia *f.* elegance
elegante elegant
elegido (*p. p.* of **elegir**) chosen
elegir (i) to choose, select; to elect
elemento *m.* element
elevarse to rise up
eliminación *f.* elimination
eliminar to eliminate
embargo: sin — nevertheless, however
emborracharse to become drunk
embrionario embryonic
embrutecer (zc) to roughen, make tough and coarse; to brutalize
eminentemente eminently
emoción *f.* emotion, excitement
emocionante exciting, thrilling, moving
empequeñecido dwarfed, made smaller
empezar (ie) to begin
emplear to employ, use; to hire
empleo *m.* employment, job
empresa *f.* enterprise, undertaking; company, firm
en in, on
enamorado enamored, in love
encendedor *m.* lighter
encerrar (ie) to lock up, shut in
encima (de) above
encontrar (ue) to find, meet up with
encuentro *m.* encounter, meeting
enemistad *f.* enmity
energía *f.* energy
enero *m.* January
énfasis *m.* emphasis
enfermar to sicken, make (someone) ill; **—(se)** to become ill
enfermedad *f.* sickness, disease
enfermero,-a *m. & f.* nurse
enfermos *m. pl.* sick people
enfrente (de) in front (of)
enfurecido infuriated, wild with rage
engañar to trick, fool, deceive
engaño *m.* deceit
engañoso deceiving, deceptive
engordar to fatten up
enojo *m.* anger
enorme enormous
ensalada *f.* salad
ensayo *m.* essay
enseñanza *f.* teaching
enseñar to teach, show
entablar to establish
entender (ie) to understand
enterarse de to become informed of
entero entire, whole
entidad *f.* entity

entierro *m.* funeral; burial

entonces then

entrada *f.* ticket; entrance; — **en años** getting along in years

entrar to enter, go in (to)

entre between; among; — **sí** among themselves; one from another

entrelíneas between the lines

entrevista *f.* interview

entrevistados *m. pl.* people interviewed

entrevistar to interview

entusiasmo *m.* enthusiasm

enviar to send

epidemia *f.* epidemic

época *f.* time; epoch

equilibrado balanced

equilibrio *m.* balance, equilibrium

equipado equipped

equipo *m.* team, equipment; outfit

equivalente *m.* equivalent

esa, ese that, that one

esas, esos those

escapar(se) to escape

escape *m.* escape

escaso scarce

escena *f.* scene

esclavitud *f.* slavery

esclavizar to enslave

esclavo,-a *m. & f.* slave

escoger to choose

escorpión *m.* scorpion

escribir to write

escrito (*p. p.* of **escribir**) written

escritor,-a *m. & f.* writer

escritura *f.* writing

escuchar to listen (to)

escuela *f.* school; — **primaria** elementary school; — **secundaria** high school

escultura *f.* sculpture

ese, esa that, that one

esencial essential

esfuerzo *m.* effort

eso that, all that; **por —** because of that, for that reason

esos, esas those

espacial spacial, space

espacio *m.* space

espalda *f.* back

España *f.* Spain

español,-a *m. & f.* Spaniard; *adj.* Spanish

especial special

especialista *m. & f.* specialist

especialmente specially

especie *f.* species

espectacular spectacular

espectáculo *m.* spectacle, show

espectador,-a *m. & f.* spectator

esperanza *f.* hope

esperar to hope; to wait for

espíritu *m.* spirit

espiritual spiritual

espléndido splendid

esposa *f.* wife

esposo *m.* husband

esposos *m. pl.* husband and wife, spouses

esqueleto *m.* skeleton

esquema *m.* scheme

esquí *m.* skiing; ski

esquiador,-a *m. & f.* skier

esquiar to ski

esta, este this, this one

estabilidad *f.* stability

estable stable

establecer (zc) to establish

establecimiento *m.* establishment

estadísticas *f. pl.* statistics

estado *m.* state, condition

estado civil marital status

estandarte *m.* standard, banner

estar to be

estas, estos these

estatal of the state

estatua *f.* statue

este, esta this, this one

estereotipo *m.* stereotype

estéril sterile

estilo *m.* style

estimulante *m.* stimulant

estímulo *m.* stimulus

esto this, all this

estos, estas these

estrangulado strangled

estrangular to strangle

estrella *f.* star

estreno *m.* debut; first showing; first use

estricto strict

estructura *f.* structure

estructuración *f.* structuring

estructurar to structure

estuco *m.* stucco

estudiante *m. & f.* student

estudiantil of the students, students'

estudiar to study

estudio *m.* study

estúpido stupid

etapa *f.* stage

eterno eternal

etiqueta *f.* formality, etiquette; label

eufemismo *m.* euphemism (polite

expression given for something considered unpleasant)

Europa *f.* Europe
europeo,-a European
evaluar to evaluate
evidencia *f.* evidence
evitar to avoid
exactitud *f.* exactness
exagerado exaggerated
examen *m.* test, examination
examinar to examine
excelencia *f.* excellence
excelente excellent
excepto except
excesivo excessive
exceso *m.* excess
excitación *f.* excitement, agitation
exclamar to exclaim
exclusivamente exclusively
excursión *f.* tour
excusado *m.* the bathroom (euphemism)
exhibición *f.* exhibit, exhibition
exhibir to exhibit, show
exigir to require, demand
existencia *f.* existence
existir to exist
éxito *m.* success; **tener —** to be successful
expectativa *f.* expectation
experiencia *f.* experience
experimentar to experience
experimento *m.* experiment
experto,-a *m. & f.* expert
explicación *f.* explanation
explicar (qu) to explain
explorador,-a *m. & f.* explorer
explotación *f.* exploitation
exportador exporter, exporting
exportar to export
exposición *f.* exposition, exhibit
expresar to express
expresión *f.* expression
expulsar to expel, push out
exquisito exquisite
éxtasis *m.* ecstasy
extender (ie) to extend
extensión *f.* length, extension
extenso extended
extenuante fatiguing, tiring
extenuarse to tire oneself out
exterior external; outside
exteriorizar(se) to reveal (one's) self
exterminar to exterminate
extranjero,-a *m. & f.* foreigner; *adj.* foreign
extrañamiento *m.* strangeness
extrañar to miss

extraño strange, unusual
extraordinario extraordinary
extraterrestre extraterrestial, alien
extremidad *f.* extremity

F

fábrica *f.* factory
fabricación *f.* making, fabrication
fabricar to manufacture
fabuloso fabulous
fácil easy
facilidad *f.* facility, ease
facilitado provided
facultad *f.* faculty, school (of a university)
falso false
falta *f.* lack
faltar to miss; to be lacking
fama *f.* fame; reputation
familia *f.* family
familiar of (or about) the family; familiar
famoso famous
fantasía *f.* fantasy
fantasma *m.* ghost
Faraón *m.* Pharaoh
farmacia *f.* pharmacy
fascinación *f.* fascination
fascinado fascinated
fascinante fascinating
fascinar to fascinate
fastidioso annoying, boring
fatiga *f.* fatigue
favor *m.* favor; **por —** please; **estar a — (de)** to be in favor (of)
favorecer to favor
favorito favorite
febrero *m.* February
fecha *f.* date
felicidad *f.* happiness
feliz (*pl.* **felices**) happy
femenino feminine
fenómeno *m.* phenomenon
feo ugly
feroz (*pl.* **feroces**) ferocious
fertilidad *f.* fertility
festejar to celebrate
Fidel first name of Fidel Castro, commonly used by Hispanics to refer to him
fiesta *f.* celebration, festival; feast; **día de —** holiday; **Fiestas Patrias** (in Chile) National Holiday, Independence Day
figura *f.* figure
figurar to figure, appear
fila *f.* rank, row
filosofía *f.* philosophy

fin *m.* end; **poner — a** to put a stop to; **por —** finally; **a — de que** in order that

final *m.* end, ending; **al —** at the end

financiar to finance

Finlandia *f.* Finland

firma *f.* signature

firmar to sign

físico physical

fisión *f.* fission

flor *f.* flower

florecer (zc) to flourish

flotante floating

folklórico *adj.* folk

folklorista *m. & f.* folklorist, expert in folklore

fondo *m.* back, rear, bottom; **al —** in the back, rear

forestal of the forest

forma *f.* form, shape

formación *f.* formation

formar to form, take form

fortalecer (zc) to strengthen

fortaleza *f.* fortress

foto *f.* (**fotografía**) photograph, photo

fracasar to fail

frágil fragile

fragilidad *f.* fragility

francamente frankly

francés,-a *m. & f.* Frenchman; Frenchwoman; *adj.* French

Francia *f.* France

frase *f.* sentence, phrase

fraude *m.* fraud

frecuente frequent

frenético frenetic

freno *m.* brake (of a car or other vehicle)

frente *f.* forehead, brow; **— a** in front of

fresco cool, fresh; **al —** in the open air

frialdad *f.* coldness

frívolo frivolous

frontera *f.* border

frustrado frustrated

frustrante frustrating

fruta *f.* fruit

fuego *m.* fire; **—s artificiales** fireworks

fuente de soda *f.* soda fountain; ice cream parlor

fuerte strong

fuerza *f.* strength; force; **— aérea** air force; **—s armadas** armed forces

fugitivo fleeting

fulano,-a *m. & f.* so-and-so

fumar to smoke

funcionar to function, work, run

funeraria *f.* funeral home

fusionarse to fuse

fútbol *m.* soccer; **— americano** American- or Canadian-style football

futbolista *m.* soccer (or football) player

futuro *m.* future

futuro perfecto *m.* future perfect (verb tense)

G

gallina *f.* hen

gana *f.* desire; **tener — s de** to feel like

ganadero *m.* cattle breeder

ganancia *f.* earning

ganar to win, earn

garantizado guaranteed

gasolina *f.* gasoline

gastar to spend; **— bromas** to play jokes

gato,-a *m. & f.* cat

gemir (i) to moan, wail

generación *f.* generation

generar to generate, produce

genético genetic

gente *f.* people

geográfico geographic

gesto *m.* gesture

gigante gigantic; *m.* giant

gigantesco gigantic

gimnasio *m.* gymnasium

glorificación *f.* glorification

gobernado governed

gobernador,-a *m. & f.* governor

gobierno *m.* government

golpe *m.* blow; coup

gordo fat

gozar (de) to enjoy

gracia *f.* grace, gracefulness; **tener —** to be funny; **—s** thanks, thank you; **muchas —** thank you very much; **dar las —** to thank

grado *m.* degree

gramática *f.* grammar

gran, grande great, big

grano *m.* grain

gratis free (in the sense of not costing any money)

Grecia *f.* Greece

griego,-a *m. & f.* Greek

gringo,-a *m. & f.* foreigner; person from the U.S.A. (sometimes used pejoratively)

gris grey

gritar to shout, scream

grito *m.* shout, scream

grueso thick, heavy

grupo *m.* group

guapo handsome, good-looking
guardar to keep, retain; to guard
guardia *m. & f.* guard
guerra *f.* war; **Primera — Mundial** First
World War
guitarra *f.* guitar
gustar to please; to be pleasing to; to like
(*e.g.,* **Le gustan a María estos libros.**
Mary likes these books.)
gusto *m.* pleasure; taste

H

haber to have (auxiliary verb); **hay** there
is, are; **había** there were; **habrá** there
will be; **hay que** + *inf.* it is necessary +
inf. (*e.g.,* **Hay que esperar.** It is
necessary to wait.)
habilidad *f.* ability
habitación *f.* room
habitante *m. & f.* inhabitant, native
habla *f.* speech
hablar to speak, talk
hace ago (*e.g.,* **— cinco años** five years
ago; ¿ **— cuánto tiempo...?** For how
long . . . ?) **— buen tiempo.** The
weather is fine.
hacer to make; to do; to cause; **—
preguntas** to ask; **— el papel** to play
the role; **hacerse** to become
hacia toward; **— lo alto** upward; **—
atrás** backward
hallar to find
hamaca *f.* hammock
hambre *f.* hunger; **tener —** to be hungry
hamburguesa *f.* hamburger
hamletiana of or like Hamlet
(Shakespeare's play) — *i.e.,* indecisive
hasta until; even; **— que** until
hay (*irreg. form of* **haber**) there is,
are; **— que** + *inf.* it is necessary + *inf.*
(*e.g.,* **Hay que esperar.** It is necessary to
wait.)
hazaña *f.* feat
hecho *m.* fact; *p. p. of* **hacer** done, made;
incident
helicóptero *m.* helicopter
hembra *f.* female
hemisferio *m.* hemisphere
herbívoro herbivore, plant-eating
heredado inherited; **lo —** inherited
characteristics
hereditario hereditary
herida *f.* wound, injury
herir (ie) to wound, injure

hermano,-a *m. & f.* brother; sister; **—s**
brothers and sisters, siblings
hermoso beautiful
hermosura *f.* beauty
Herodes Herod, biblical character
responsible for slaughtering innocent
children
herramienta *f.* tool
hidroeléctrico hydroelectric
hielo *m.* ice
hijo,-a *m. & f.* child; son, daughter; **—s**
children
himno *m.* hymn
hincapié *f.* emphasis; **hacer — en** to
emphasize
hipótesis *f.* hypothesis
hispánico Hispanic
hispano,-a *m. & f.* Hispanic person
hispanoamericano,-a *m. & f.*
Hispanoamerican, Latin American person
historia *f.* story, history
histórico historic
Holanda *f.* Holland
holandés,-a *m. & f.* person from Holland
hombre *m.* man
homicidio *m.* homicide
honesto honest
honra *f.* honor
hora *f.* hour; **por —** per hour; **es — de**
it's time to
horario *m.* schedule
horizonte *m.* horizon
hormiga *f.* ant
horror *m.* horror; **Qué —** How awful
hostilidad *f.* hostility
hoy today; **— día** nowadays
huelga *f.* (labor) strike
huella *f.* footprint
huir to flee; to run away
humanidad *f.* humanity
humanitario humanitarian
humano human
humillado humiliated
humillante humiliating
humorístico humorous, comic
Hungría *f.* Hungary
huracán *m.* hurricane

I

Ibo a tribe in Africa
identidad *f.* identity
identificación *f.* identification
identificar (con) to be identified (with)
identificarse to identify (oneself)

ideología *f.* ideology
ideológico ideological
idioma *m.* language
ídolo *m.* idol
iglesia *f.* church
ignorante ignorant
ignorar to not know
igual equal; the same; **— que** the same as
igualdad *f.* equality
ilegal illegal
ilógico illogical
ilustración *f.* illustration; example
imagen *f.* image
imaginación *f.* imagination
imaginar to imagine
imitación *f.* imitation
imitar to imitate
impacto *m.* impact
imperfecto imperfect; **— del subjuntivo** imperfect subjunctive
imperio *m.* empire
implantar to set up, establish
implicar to imply
imponer to impose (on or upon)
importado imported
importancia *f.* importance
importante important
importar to be important; to matter; **no importa** it makes no difference, it doesn't matter
imposible impossible
impresión *f.* impression
impresionante impressive
impreso imprinted
impuesto *m.* tax; *adj.* **— a** imposed upon
impulso *m.* impulse
inanimado inanimate
inapelable unavoidable, beyond appeal
inauguración *f.* inauguration
incansablemente tirelessly
incas *m. pl.* Incan people
incentivo *m.* incentive
incesante endlessly
incidente *m.* incident
incineración *f.* burning, cremation
inclinado inclined, sloping
incluir to include
incluso including, even
incoherente incoherent
incomprensible incomprehensible
inconcebible inconceivable
inconsciente unconscious
inconveniente *m.* obstacle, inconvenience
increíble incredible
incremento *m.* increase

incurrir (en) to incur
indemnización *f.* compensation, indemnity
independencia *f.* independence
independiente independent
independizarse to become independent
indicación *f.* indication
indicado indicated; appropriate
indicar to indicate
indicativo *m.* indicative (grammatical mood of verbs not in the subjunctive)
indicio *m.* clue, hint
indiferencia *f.* indifference
indígena indigenous, native
indio,-a *m. & f.* Indian
indispensable indispensable, absolutely necessary
individuo,-a *m. & f.* individual
indoctrinación *f.* indoctrination
indolencia *f.* indolence
inducir to induce
indudablemente undoubtedly
industria *f.* industry
industrialización *f.* industrialization
inefable ineffable, inexpressible
inerte inert
inestabilidad *f.* instability
infantería *f.* infantry
inferencia *f.* inference
inferir to infer
infierno *m.* hell
infinitivo *m.* infinitive
influencia *f.* influence
influir to influence
información *f.* information
informar to inform
informativo informative
ingeniería *f.* engineering
ingeniero *m. & f.* engineer
Inglaterra *f.* England
inglés,-a *m. & f.* Englishman; Englishwoman; *adj.* English
ingrediente *m.* ingredient
ingresos *m. pl.* income
inicial initial
iniciar to initiate
iniciativa *f.* initiative
injusticia *f.* injustice
injusto unjust
inmediato immediate
inmenso immense
inocencia *f.* innocence
inocente innocent, naive, fool
insatisfecho dissatisfied
insensato stupid, foolish
insignificante insignificant

insinuar to insinuate
insistir to insist
inspiración *f.* inspiration
inspirado inspired
instalación *f.* installation; facility
instalar to install, set up
instantáneo instantaneous, immediate
institución *f.* institution
instrucciones *f. pl.* directions, instructions
instrumento *m.* instrument
insultar to insult
integración *f.* integration
integrado composed, made up
intelecto *m.* intellect
intelectual intellectual
inteligencia *f.* intelligence
inteligente intelligent
inteligible intelligible
intención *f.* intention
intensificar to intensify
intensivo intensive
intenso intense
intercambio *m.* interchange
interdependencia *f.* interdependence
interés *m.* interest
interesante interesting
interesar to be interesting; to interest
interferencia *f.* interference
intermedio intermediate; **exámenes — s** midterm exams
intermitente intermittent
interno internal
interpretación *f.* interpretation
interpretar to interpret
interrogatorio *m.* questioning; interrogation
interrumpir to interrupt
interrupción *f.* interruption
intervalo *m.* interval
intervenir (ie) to intervene, break in; to participate
íntimamente intimately
íntimo intimate
introducción *f.* introduction
introducir to introduce
invadir to invade
invasión *f.* invasion
invasor,-a *m. & f.* invader
invención *f.* invention
inventar to invent, make up
investigación *f.* investigation
invierno *m.* winter
invitación *f.* invitation
invitar to invite
invocar to invoke, call upon

ir to go; **— se** to go away, leave; **— y venir** to come and go
irónico ironic
irracional irrational
irritante irritating
isla *f.* island
italiano,-a *m. & f.* Italian; *adj.* Italian
itinerario *m.* itinerary, trip plan

J

jacal *m.* hut; shack
jamás never
japonés Japanese
jardín *m.* garden; park
jaula *f.* cage
jefe,-a *m. & f.* chief; boss; leader; **— de estado** chief of state
jerga *f.* slang, jargon
jeroglífico *m.* hieroglyphic
Jesucristo *m.* Jesus Christ
jóven *m. & f.* youngster, young person
jovencito,-a *m. & f.* young person
joya *f.* jewel; *pl.* jewelry
judío,-a *m. & f.* Jewish person; *adj.* Jewish
juego *m.* game
juez *m. & f.* judge
jugador,-a *m. & f.* player
jugar (ue) to play
juglar *m.* minstrel
jugo *m.* juice
jungla *f.* jungle
junio *m.* June
juntar to collect, gather
junto con along with
juntos,-as *pl.* together
jurado *m.* jury
justamente just, exactly
justicia *f.* justice
justificado justified
justificar to justify
justo just, fair
juvenil of youth, of young people
juventud *f.* youth
juzgar to judge

K

kilómetro *m.* kilometer

L

laboral of labor
laboratorio *m.* laboratory
labrar to build, construct

lado *m.* side; **al —** on the side; **al — de** next to

ladrón,-a *m. & f.* thief, robber

lágrima *f.* tear, teardrop

lamentablemente unfortunately

lamentar to lament, mourn

lana *f.* wool

languidecer to languish

languidez *f.* languor

lanzar to throw, launch

largo long; **a lo —** along, during; **a la larga** in the long run

lástima *f.* pity; **¡Qué —!** What a pity!

latente latent

Latinoamérica *f.* Latin America

lavabo *m.* sink, washbasin

lavaplatos *m.* dishwasher

lavar(se) to wash (oneself)

lavatorio *m.* washroom

lección *f.* lesson

lectura *f.* reading

leer to read

legendario legendary

legítimo legitimate

lejos far away

lengua *f.* language, tongue

lento slow

león *m.* lion

letra *f.* letter; words or lyrics to a song; **al pie de la —** literally, exactly

letrero *m.* sign

levantar to raise, lift up; **—se** to get up

ley *f.* law

leyenda *f.* legend

liberación *f.* liberation

libertad *f.* liberty

librarse to free oneself; to escape without harm

libre free; **al aire —** open-air

libro *m.* book

ligar to find a boyfriend or girlfriend; to get involved romantically

ligero light, of little weight

ligue *m.* finding a girlfriend or boyfriend; getting involved romantically

limitar to limit, restrict

límite *m.* limit

limpieza *f.* cleanliness

limpio clean

lindo lovely

liquidación *f.* liquidation, removal

líquido *m.* liquid

listo ready, clever

localidad *f.* locality

loco crazy

locura *f.* madness, craziness

lógico logical

lograr to achieve, get, obtain, manage

Londres *m.* London

lo que what; which

luces *pl.* (from **luz**) lights

lucha *f.* fight

luchar to fight, struggle

luego then; later; next; **desde —** of course

lugar *m.* place; **en — de** instead of; **tener —** to take place; **dar — a** to cause

luna *f.* moon; **— de miel** honeymoon

luterano Lutheran

LL

llamar to call; **—se** to be called, named (*e.g.,* **Me llamo Juan.** My name is John.)

llegada *f.* arrival

llegar (a) to arrive (at); to reach; **— tarde** to be behind (in fashions or customs)

llenarse (de) to fill up (with)

lleno full

llevar to carry; to wear (clothing); to take along; **— una... vida** to lead a . . . life; **—se** to carry away; to bring

llorar to cry

llover (ue) to rain

lluvia *f.* rain

M

machismo *m.* male chauvinism

macho *m.* male

madre *f.* mother

madurez *f.* maturity

maestro,-a *m. & f.* teacher

magnificarse to become magnified, enlarged

magnífico magnificent

mago *m.* magician; **Reyes Magos** Wise men, Magi

maíz *m.* corn

majestuoso majestic

mal bad, badly; **— educado** badly brought up, poorly raised; **el bien y el —** good and evil; **— menor** least evil

maldad *f.* evil

malestar *m.* malaise, indisposition

maleta *f.* suitcase

maligno evil

malo bad

mamífero mammal

mamita *f.* little mother

mandato *m.* command

manejar to drive (an automobile); to manage; to manipulate

manejo *m.* driving (an automobile); management; manipulation

manera *f.* way, manner; **de — que** so that

manifestación *f.* political demonstration

manifestar (ie) to show, demonstrate

manipular to manipulate

mano *f.* hand; **de segunda —** secondhand

mantener to maintain, support (economically)

mañana tomorrow; *f.* morning

mapa *m.* map

máquina *f.* machine

maquinaria *f.* machinery

mar *m.* sea

maravilla *f.* wonder, marvel

maravillarse to marvel, wonder

maravilloso marvellous

marcar to mark

marco *m.* frame, standard, mold

marido *m.* husband

marina *f.* navy

mariposa *f.* butterfly

Marte *m.* Mars

marzo *m.* March

mas but

más more; most; **— bien** rather

masa *f.* mass

máscara *f.* mask

masculinidad *f.* masculinity

masculino masculine

matanza *f.* killing, slaughter

matar to kill

matemáticas *f. pl.* mathematics

matemático,-a *m. & f.* mathematician

materia *f.* course

materialismo *m.* materialism

maternidad *f.* maternity, motherhood

matriculación *f.* matriculation, tuition

matrimonio *m.* marriage, matrimony; married couple

maya *m. & f.* Mayan or Maya

mayo *m.* May

mayor major; greater; larger; older; greatest; largest; oldest; **—es** adults; **la — parte** most

mayoría *f.* majority

mecánico *m.* mechanic; *adj.* mechanical

media luna *f.* half-moon

medianoche *f.* midnight

mediante by means of

medicamento *m.* medication, medicine

medio *m.* means; middle; *adj.* half, middle, average; **—s** (financial) means;

clase —a middle class; **Edad —a** Middle Ages; **por — de** by means of; **Medio Oriente** Middle East

mejor better, best

mejora *f.* improvement

memoria *f.* memory; **de —** by heart

mencionar to mention

menor younger; less

menos less, least; **— que** less than

mensaje *m.* message

mensual monthly

mentalidad *f.* mentality

mente *f.* mind

mentira *f.* lie, falsehood; **parece —** it's hard to believe

menudo: a — often

meramente merely

mercado *m.* market

merced: a — de at the mercy of

merecer to deserve, merit

mes *m.* month

mestizo half-breed, of two races

meter to put, place

método *m.* method

metro *m.* meter

mexicano,-a *m. & f.* Mexican; *adj.* Mexican

mezcla *f.* mixture

mezclar (se) to mix

miau *m.* meow

miedo *m.* fear; **tener — de** to be afraid of; **tener — de que** to be afraid that

miembro *m.* member

mientras (que) while; **— tanto** meanwhile

mil *m.* thousand

milagro *m.* miracle

militar military; *m. & f.* soldier

milla *f.* mile

millón *m.* million

mina *f.* mine

minero *m.* miner

mínimo tiny bit, minimal

minoría *f.* minority

minuciosamente minutely, in minute detail

minuto *m.* minute

mirada *f.* glance, look

mirar to watch, look at

misa *f.* mass (Catholic religious celebration)

miseria *f.* misery, poverty

mísero very poor

mismo same; **al — tiempo** at the same time

misterio *m.* mystery

misterioso mysterious

místico mystical

mito *m.* myth
mitología *f.* mythology
mochila *f.* knapsack
moda *f.* fashion; style; **estar de —** to be in fashion
modelo *m.* model, pattern
modernización *f.* modernization
modernizar to modernize
moderno modern
modesto modest, humble
modificar to modify
modismo *m.* idiom
modo *m.* manner, way, method; **— de vivir** way of living, life-style; **de — que** so that
molestar to bother, annoy
momento *m.* moment
monótono monotonous
monstruoso monstrous
montado mounted, riding
montaña *f.* mountain
montecito (*dim.* of **monte**) little hill
monumento *m.* monument
moraleja *f.* moral
moreno dark-skinned; brunette
morir (ue) to die
mosca *f.* fly
Moscú *f.* Moscow
mostrar (ue) to show
motivado motivated
motivo *m.* motive
mover (ue) to move
movimiento *m.* movement
muchacho,-a *m. & f.* boy, girl
muchedumbre *f.* crowd
muchísimo (*sup.* of **mucho**) very much
mucho much, a lot of, a great deal of; **—s** many, many people
muebles *m. p.* furniture
muerte *f.* death
muerto dead
mujer *f.* woman
multicolor multicolored
múltiple multiple, very many
multitud *f.* multitude
mundial worldwide, world (as an *adj.*)
mundo *m.* world
municipio *m.* municipality; town council
muñeca *f.* doll; wrist
músculo *m.* muscle
museo *m.* museum
música *f.* music
musicológico musicological
musulmán Moslem
mutilación *f.* mutilation

mutilado multilated
mutuo mutual
muy very

N

nacer to be born
nacimiento *m.* birth
nación *f.* nation
nacional national
nada nothing
nadar to swim
nadie nobody, no one
nariz *f.* nose
natación *f.* swimming
nativo native
naturaleza *f.* nature
naturalidad *f.* naturalness
nave *m.* ship; **— espacial** spaceship
Navidad *f.* Christmas
nazismo *m.* Nazism
necesario necessary
necesidad *f.* necessity, need
necesitar to need
negar (ie) to deny
negativo negative
negocio *m.* business
negro,-a *m. & f.* black; Afro-American; *adj.* black
neolítico neolithic
neurótico neurotic
nevar (ie) to snow
ni neither; nor; **ni... ni** neither . . . nor; **— siquiera** not even
nido *m.* nest
nieve *f.* snow
ningún, ninguna, ninguno (not) any; no; none; no one
niño,-a *m. & f.* boy; girl; **—s** children; **Niño Jesús** the Child Jesus
nivel *m.* level
no not, no; **¿Cómo —?** Why not? Of course!
noble *m.* nobleman; *adj.* noble
nocturno nocturnal; at night; **vida —a** night life; **clubes —s** nightclubs
noche *f.* night
nombrar to name
nombre *m.* name
nordeste *m.* northeast
norma *f.* norm, standard
normal related to teaching; **la academia —** school for teacher training
norte *m.* north; **por el —** from the north; *adj.* northern

norteamericano,-a *m. & f.* North American; person from the U.S.A.

nota *f.* note

notar to note; to notice

noticia *f.* news, news item; **—s de hoy** today's news

novecientos nine hundred

novedad *f.* novelty; bit of news

novela *f.* novel

noveno ninth

noviazgo *m.* steady relationship with a boyfriend or girlfriend, with a view toward marriage

noviembre *m.* November

novio,-a *m. & f.* steady boyfriend or girlfriend

núcleo *m.* nucleus

nuevamente again, newly

Nueva Zelandia *f.* New Zealand

nuevo new; **de —** again

número *m.* number

numeroso numerous

nunca never

O

obedecer (zc) to obey

objeción *f.* objection

objetivo objective

objeto *m.* object

obligación *f.* obligation

obligar to force, oblige

obligatorio required

obra *f.* work

observar to observe

obtener to obtain

obvio obvious

océano *m.* ocean

ocio *m.* leisure

octavo eighth

octubre *m.* October

ocupar to occupy

ocurrir to occur; to happen

ocho eight

ochocientos eight hundred

odiar to hate

odio *m.* hatred

odioso odious, hateful

oeste *m.* West

ofender to offend

oficial *m. & f.* officer

oficina *f.* office

ofrecer (zc) to offer

oír to hear

ojalá may it be that . . . (always followed by the subj.)

ojo *m.* eye

olé bravo!

olvidar to forget; **¡Olvídate!** Forget it!

opción *f.* option; choice; elective (course)

operación *f.* operation

operar to operate

opinar to express an opinion; to make a judgment

opinión *f.* opinion; **en su —** in your opinion

oponerse a to oppose; to be opposed to

oportunidad *f.* opportunity

oposición *f.* opposition

optimista *m. & f.* optimist; *adj.* optimistic

opuesto opposite; contrary; **estar — (a)** to be opposed (to)

órbita *f.* orbit

orden *m.* order

ordenar to order

ordinario ordinary

oreja *f.* ear

organización *f.* organization

organizar to organize

orgullo *m.* pride

orgulloso proud

oro *m.* gold

orquesta *f.* orchestra

Oruro *m.* city in Bolivia famous for Devil Dance performed during the carnival time

oscuro obscure; dark

otoño *m.* autumn

otro other, another, **—s** others; **—a vez** again

ovnis *m.* unidentified flying objects

P

pacífico peaceful

pacto *m.* pact, agreement, treaty

padre *m.* father; priest; **— de familia** father of a family

pagar to pay

página *f.* page

pago *m.* payment; **— a plazos** installment plan

país *m.* country

pájaro *m.* bird

palabra *f.* word

palacio *m.* palace

Palenque Mayan city, now in ruins

palestino,-a *m. & f.* Palestinian

paliativo *m.* paliative

pan *m.* bread

panorámico panoramic

papá *m.* papa, dad

papel *m.* paper; role; **hacer el —** to play the role

paquete *m.* package

para for; to, toward; **— + *inf.*** in order to + *inf.;* **— que** in order that, so that

parado,-a *m. & f.* unemployed person

paraíso *m.* paradise

paralizar to paralyze

parcialmente partially

parecer (zc) to seem, appear; **parece que...** it seems that; **Me parece que sí.** I guess so. It seems that way to me; **¿Qué le parece?** What do you think? What is your opinion?; **a mi —** in my opinion; **al —** apparently

parecido similar

pareja *f.* pair, couple; partner; **en —** as a couple

paréntesis *m.* parenthesis, parentheses

pariente *m. & f.* relative

paro *m.* layoff (of workers), unemployment

parpadear to blink; to flicker on and off

parque *m.* park

parte *f.* part; side; **en —** in part, partially; **en la — superior** on top; **por su —** for their (his, her) part; **por otra —** on the other hand; **por — de** on the part of; **por (en) todas —s** everywhere

participación *f.* participation

participante *m. & f.* participant

participar to participate

partidario,-a *m. & f.* partisan, supporter

partido *m.* match (sports); party (political)

partir to divide; to depart; **a — de** starting from

parto *m.* childbirth

pasado *m.* past (referring to time), gone by; *adj.* past

pasaje *m.* passage

pasaporte *m.* passport

pasar to spend (time); to pass; to happen; **—lo bien** to have a good time, enjoy oneself; **—lo mal** to have a bad time; **¿Qué pasa?** What is happening?; **¡Pasaste por inocente!** You were caught as a fool!

pasatiempo *m.* pastime; hobby

Pascua *f.* Passover; Easter; **Domingo de —** Easter Sunday

paseo *m.* walk, stroll; ride; **dar un —** to take a walk, ride

paso *m.* passing; step; **dar un —** to take a step

pastel *m.* pie; pastry; cake

pata *f.* paw; foot (of an animal)

patentar to patent

paterno paternal, parental

patinaje *m.* skating

patio *m.* court; yard; patio

patria *f.* native land

patrimonio *m.* patrimony, legacy

patrón,-a *m. & f.* patron; boss; patron saint; employer

paulatino gradual

pavimento *m.* paving, pavement

paz *f.* peace

pecado *m.* sin

peces (*m. pl.* of **pez**) fish

pedir (i) to ask for, request; to order (in a restaurant)

película *f.* film, movie, motion picture

peligro *m.* danger

peligroso dangerous, risky

pelo *m.* hair

pelota *f.* ball

pena *m.* punishment, penalty; **— de muerte** death penalty

penetrar to penetrate

pensamiento *m.* thought

pensar (ie) to think; **— + *inf.*** to intend + *inf.*

pensión *f.* boardinghouse; pension

peor worse, worst

pequeño little, small

percibir to perceive

perder (ie) to lose; **—se** to become lost or ruined

pérdida *f.* loss

perdonar to forgive, excuse

perecer (zc) to perish

peregrinaje *m.* pilgrimage

pereza *f.* laziness

perezoso lazy

perfeccionado perfected, improved

perfecto perfect; **condicional —** conditional perfect (verb tense); **futuro —** future perfect

periódico *m.* newspaper

período *m.* period (of time)

permanecer (zc) to remain

permanente permanent

permiso *m.* permit, permission; time off, leave

permitir to permit, allow

pernicioso pernicious, harmful

pero but, yet

perro,-a *m. & f.* dog

persecución *f.* persecution

persona *f.* person

personaje *m.* character

personal *m.* personnel, staff; *adj.* personal
personificar to personify, represent
pertenecer to belong
perteneciente pertaining
pertinente pertinent; relevant
Perú *m.* Peru
peruano,-a *m. & f.* Peruvian; *adj.* Peruvian
pesar: a — de in spite of
pesca *f.* fishing
pescado *m.* fish (to be eaten)
peseta *f.* unit of Spanish currency
pesimista *m. & f.* pessimist; *adj.* pessimistic
petróleo *m.* petroleum, oil
pico *m.* beak; peak
pie *m.* foot; **al — de la letra** literally, exactly
piedra *f.* stone
piel *f.* skin; hide
pieza *f.* piece
píldora *f.* pill
piloto *m.* pilot, driver
pináculo *m.* pinnacle, highest point
pintar to paint
pintor,-a *m. & f.* painter
pintoresco picturesque
pintura *f.* painting
pirámide *f.* pyramid
pirata *m.* pirate
pisar to trample; to step on
piscina *f.* swimming pool
piso *m.* floor
pista *f.* track; **carreras de —** track races
pistola *f.* pistol
pizarra *f.* blackboard
placer *m.* pleasure
plaga *f.* plague
planeta *m.* planet
plano *m.* plane; **en primer —** in the foreground
planta *f.* plant
plantear to put forth, pose
plástico plastic
plata *f.* silver; money
platicar to chat
plato *m.* plate; dish
playa *f.* beach
plaza *f.* square (of a town or city)
plazo *m.* deadline
pleno total, full
pluma *f.* feather
población *f.* population; village
pobre poor
pobreza *f.* poverty
poco little; **—s** few; **un — (de)** a little

(of); **unos —s** a few; **poco +** *adj.* un— (*e.g.,* **poco + inteligente** unintelligent)
poder *m.* power; *verb* **(ue)** to be able to
poderoso powerful
poema *m.* poem
poesía *f.* poetry
poeta *m.* poet
polémico polemical, controversial
policía *m. & f.* policeman; policewoman; *f.* police force
política *f.* politics; *adj.* political
Polonia *f.* Poland
pollito *m.* chick
Pompeya *f.* Pompeii, ancient city in Italy
poner to put; to place; **—se** to put on (clothing); **—se en contacto** to make contact; **— fin a** to put an end to; **—se a +** *inf.* to set out to, to begin to; **— atención en** to pay attention to
popularidad *f.* popularity
popularísima (*sup.* of **popular**) very popular
por for; for the sake of; by; through; along; **— eso** for this reason, because of this; **— ejemplo** for example; **— medio de** by means of; **— supuesto** of course; **— su parte** for their (his, her) part; **— lo tanto** for this reason; **— otra parte** on the other hand; **— favor** please; **— el contrario** on the contrary; **— parte de** on the part of; **— la noche** at night
porcentaje *m.* percentage
por qué why; **¿Por qué?** Why?; **¿Por qué motivo...?** For what reason . . . ?
porque because
porvenir *m.* future
posarse to alight, perch, land
poseer to possess, own
posesión *f.* possession
posibilidad *f.* possibility
posición *f.* position, job
positivo positive
posterior later
postre *m.* dessert
postura *f.* posture
potente strong
práctica *f.* practice
practicar to practice
práctico practical
precaución *f.* precaution
precepto *m.* precept, rule
precio *m.* price
preciso precise; necessary
predecir to predict

predicción *f.* prediction
predominar to predominate
prefabricado prefabricated; ready-made
preferentemente preferentially
preferir (ie) to prefer
pregunta *f.* question; **hacer una —** to ask a question
preguntar to ask; to question; **— por** to ask for (someone)
prehispánico prehispanic
premeditación *f.* premeditation
prensa *f.* press, the newspapers
preocupación *f.* worry, cause for concern
preocupar(se) to worry; **—se (de)** to be worried (about)
preparación *f.* preparation
preparar to prepare
preparatoria *f.* college-preparatory high school
presencia *f.* presence
presenciar to witness
presentación *f.* presentation
presentar to present, introduce (two people); **—se** to appear
presente present, current
presidente,-a *m. & f.* president
presión *f.* pressure
preso,-a *m. & f.* prisoner, convict
prestar to lend
prestigio *m.* prestige
pretendiente,-a *m. & f.* suitor; *m.* potential boyfriend
prevalencia *f.* prevalence
prevención *f.* prevention
prevenir to prevent
prever to forsee; to anticipate
primario primary, elementary
primavera *f.* spring
primer,-o,-a first
primo,-a *m. & f.* cousin
princesa *f.* princess
principio *m.* principle; beginning
prisionero,-a *m. & f.* prisoner
privacidad *f.* privacy
privado private
probabilidad *f.* probability
probado proven, proved
probar to prove; to try for the first time (a food or drink)
problema *m.* problem
procedencia *f.* origin
procedimiento *m.* process, procedure
procesamiento *m.* processing
proceso *m.* process
producción *f.* production

producir to produce, bring about; **—se** to take place, happen
producto *m.* product
productor,-a *m. & f.* producer; *adj.* producing
profesión *f.* profession
profesional *m. & f.* professional
profesor,-a *m. & f.* teacher, professor
profundo deep, profound
programa *m.* program
programación *f.* programming
progresivo progressive
progreso *m.* progress
prohibir to forbid, prohibit
promesa *f.* promise; **— para el Año Nuevo** New Year's resolution
prominente prominent, standing out
promoción *f.* promotion
pronombre pronoun
pronóstico *m.* prediction
pronto quick, soon; **de —** suddenly
pronunciar to pronounce
propicio propitious, favorable
propiedad *f.* property
propietario,-a *m. & f.* owner
propio suitable; characteristic; own (*e.g.,* **su propia casa** their [his, her] own home)
proponer to propose
proporcionar to supply
propuesto (*p. p.* of **proponer**) proposed
prosperar to prosper, flourish
prosperidad *f.* prosperity
protección *f.* protection
proteger to protect
protesta *f.* protest
protestante protestant
protestar to protest
proverbio *m.* proverb
provincia *f.* province; **en —** in the provinces (away from the big cities)
próximo next
proyecto *m.* project
prueba *f.* proof, test; competition
psicología *f.* psychology
psicológico psychological
psicólogo,-a *m. & f.* psychologist
psiquiatra *m. & f.* psychiatrist
publicar to publish; to publicize
publicidad *f.* advertising; publicity
publicitario of advertising
público *m.* public; audience
pueblo *m.* town, village; people; nation
puerta *f.* door, gate
puerto *m.* port; **— de mar** seaport
pues well then; since

pulga *f.* flea
punto *m.* point; — **de vista** point of view

Q

que that, which, who, than; **el —** he who, which, that which; **¿Qué...?** Which . . . ? What?; **más (menos) —** more (less) than; **¿Qué le parece...?** What do you think (about . . . ?; **¿Qué tal?** How are you?; **para —, a fin de —** so that, in order to
quedar to remain, stay, be left; to be located; to turn out to be; **—se** to stay
qué dirá *m.* what will (people) say; public opinion
queja *f.* complaint
quejarse (de) to complain (about)
quemar to burn
querer (ie) to want, wish, desire; to love; — **decir** to mean
querido,-a *m. & f.* beloved, dear
queso *m.* cheese
quien who, whom, he who, she who; **¿Quién...?** Who . . . ?
química *f.* chemistry; *adj.* chemical
quince fifteen
quinientos five hundred
quinto fifth; — **de primaria** fifth grade
quiosco *m.* kiosk, stand for selling magazines, candies, etc.
quitar to take away
quizás, quizá maybe, perhaps

R

radiodifusión *f.* radio broadcasting
rama *f.* branch
ramada *f.* shelter made of branches
ranchero,-a *m. & f.* rancher
rango *m.* rank (in the military)
rapidez *f.* rapidity, speed
rápido fast, rapid, quick
rascacielos *m.* skyscraper
ratón *m.* mouse
raza *f.* race (of people); — **humana** human race, humanity
razón *f.* reason; **tener —** to be right
reacción *f.* reaction
realidad *f.* reality
realista realistic
realización *f.* achievement; fulfillment
realizar to fulfill; to carry out; to accomplish
rebelión *f.* rebellion
recibir to receive

reciente recent
recitar to recite
reclamar to claim; to demand
reclusión *f.* imprisonment
recoger to pick up; to collect
recogida *f.* picking; collection
recomendar (ie) to recommend
reconocer to recognize
reconocible recognizable
recordar (ue) to remember, remind
recreación *f.* recreation
recreo *m.* recreation
rectificar to rectify, make right or correct
recuerdo *m.* memory, souvenir
recurso *m.* resource
rechazar to reject
redención *f.* redemption
redescubierto rediscovered
reducir to reduce; — **se a** to amount to
reemplazar to replace
referencia *f.* reference
referirse (ie) to refer
reflejar to reflect
reforma *f.* reform
reforzado reinforced
refrán *m.* proverb, saying
refresco *m.* soft drink
refresquería *f.* soft drink stand
refrigerador *m.* refrigerator
refugiado,-a *m. & f.* refugee
regalo *m.* gift
régimen *m.* regime; government
registrar to search
regla *f.* rule
regresar to return
regreso *m.* return
regulación *f.* regulation, control
regular to regulate; *adj.* all right, medium, mediocre
rehabilitación *f.* rehabilitation
rehabilitar to rehabilitate; — **se** to become rehabilitated
reina *f.* queen
reír(se) to laugh
relación relation, relationship
relacionado related
relacionarse (con) to relate (to); to make contact (with)
relativamente relatively
relato *m.* story
religioso religious
Renacimiento *m.* Renaissance
renunciar to refuse
repartir to deliver, distribute
repaso *m.* review

repetidamente repeatedly
repetido repeated
repoblación f. repopulating; replanting
reposar to repose
represa f. dam
representación f. representation; presentation; production
representar to represent
representativo representative
represión f. repression
represivo repressive
reprimido repressed
reprochar to reproach
requerir (ie) to require
resentimiento m. resentment
reservado reserved
residencia f. residence
resistencia f. resistance
resistir to resist
resolver (ue) to solve
resonar (ue) to resound; to echo
respectivo respective
respecto con, — a with regard to, with respect to
respetar to respect; to refer
respeto m. respect
responder to answer, respond
responsabilidad f. responsibility
responsable responsible
respuesta f. reply
restaurante m. restaurant
restos m. pl. remains
resultado m. result
resultar to turn out to be; to prove to be
resumen m. summary
resumir to summarize
resurrección f. resurrection
retroceso m. regression
retumbar to resound; to rumble
reunido gathered together
reunión f. meeting
reunirse to meet, gather together
revelador tell-tale, revealing
revisar to review
revista f. magazine
revolución f. revolution
rey m. king
rico rich
ridículo ridiculous
rígido rigid
rima f. rhyme; poem
rincón m. corner (of a room)
río m. river
riqueza f. wealth
ritmo m. rhythm

rito m. rite, ritual
robar to rob, steal
robo m. robbery, theft
roca f. rock
roces m. pl. contacts by brushing or rubbing against
rockero,-a m. & f. rock fan
rodeado surrounded
rogar (ue) to beg, plead
rojo red
Roma f. Rome
romántico romantic
romper to break
ropa f. clothing
roto (p. p. of **romper**) broken
ruido m. noise
ruinas f. pl. ruins
rumbo m. region, part
Rusia f. Russia
ruso,-a m. & f. Russian
ruta f. route
rutina f. routine
rutinario routine (as an adj.)

S

sábado Saturday
saber to know
sabroso tasty
sacar to take out; — **fotografías** to take pictures
sacerdote m. priest
sacrificar to sacrifice
sacrificio m. sacrifice
sala f. living room, hall; — **de estudio** study hall
salario m. salary, wages
salida f. departure; **darle** — **(a)** to give vent (to), find an outlet (for)
salir to leave, go away
salón m. drawing room; parlor
salud f. health
saludo m. greeting
salvaje wild; savage; native
salvo except, except for; — **que** unless
samba f. Afro-Brazilian dance rhythm
san (used immediately before certain masculine names — e.g., **San Miguel**) saint; **San Luis** Saint Louis
sangre f. blood
sanitario sanitary
santo,-a m. & f. saint
sapo m. toad
Satanás m. Satan
satisfacción f. satisfaction

satisfactorio satisfactory

satisfecho satisfied

se -self (himself, itself, themselves, etc.)

sé (pres. tense of **saber**) I know

secretamente secretly

secretario,-a *m. & f.* secretary

secreto *m.* secret

secuestrador,-a *m. & f.* kidnapper, hijacker

secuestrar to kidnap, hijack

secuestro *m.* kidnapping, hijacking

secundaria *f.* high school

secundario secondary

sed *f.* thirst

seductivo seductive, charming

seductor,-a seductive

seguida: en — at once, immediately

seguir to continue; to follow

según according to; **— su opinión** in your opinion

segundo second

seguridad *f.* security

seguro *m.* insurance; *adj.* sure, certain, safe

seis six

seiscientos six hundred

selección *f.* selection

seleccionar to select

semana *f.* week

semanal weekly

semejanza *f.* similarity; **a — de** like, as

semilingüe "half-lingual"

senador,-a *m. & f.* senator

sencillo simple, plain

sensación *f.* sensation

sensacional sensational

sensacionalismo *m.* sensationalism

sensibilidad *f.* sensibility, sensitivity

sentado seated

sentarse (ie) to sit down

sentencia *f.* sentence

sentenciado sentenced

sentido *m.* sense; direction; meaning

sentimiento *m.* sentiment, feeling

sentir (ie) to feel; **lo siento** I'm sorry

seña *f.* sign

señalar to point out

señor,-a *m. & f.* Mr., sir; Mrs., lady

separado separate

separar to separate

septiembre *m.* September

sequía *f.* drought, dry period

ser *m.* being; creature; **— humano** human being; *verb* to be

serenata *f.* serenade

serenidad *f.* serenity

serie *f.* series

serio serious; **en —** seriously

serpiente *f.* snake, viper

servicio *m.* service; bathroom (euphemism)

servil servile, subservient

servir (i) to serve; **— de** to be used as

setecientos seven hundred

setiembre (variant of **septiembre**) September

severo severe

sexo *m.* sex

sexto sixth

sexualidad *f.* sexuality

si if

sí yes

sicólogo,-a *m. & f.* psychologist

sicosocial psychosocial

siempre always; **de —** usual; **— que** provided that; **como —** as always

siete seven

siglo *m.* century

significado *m.* meaning

significar to mean

significativo significant

siguiente following, next

silencio *m.* silence

simbolismo *m.* symbolism

simbolizar to symbolize

símbolo *m.* symbol

simplemente simply

sin without; **— embargo** nevertheless, however; **sin +** *inf.* without — -ing

sinfonía *f.* symphony

sinfonola *f.* jukebox

singular singular, unusual

sino but; except; but rather

sinónimo *m.* synonym

síntesis *f.* synthesis

sintomática symptomatic (*i.e.*, representative)

siquiatra *m. & f.* psychiatrist

sirena *f.* siren; mermaid

sirviente,-a *m. & f.* servant; *f.* maid

sistema *m.* system

sistemático systematic

sitio *m.* site, location, spot

situación *f.* situation; location

situado situated

snobismo *m.* snobbishness

sobrar to be more than enough

sobre upon, about; **— todo** especially; *m.* envelope

sobrepasar to exceed

sobresalto *m.* sudden scare

sobrevivir to survive
sobrino,-a *m. & f.* nephew, niece
socialismo *m.* socialism
socialista *m. & f.* socialist
socialización *f.* socialization
sociedad *f.* society; — **de consumo**
   consumer society
sociólogo,-a *m. & f.* sociologist
socorro *m.* aid, help; **¡Socorro!** Help!
sofá *m.* sofa, couch
sofisticación *f.* sophistication
sofisticado sophisticated
sol *m.* sun
solamente only, solely
soledad *f.* loneliness, solitude
solemne solemn
soler (ue) to be in the habit of; to be
   accustomed to
solicitante *m. & f.* applicant
solicitar to ask for; to apply for
solo alone; sole; only; lonely
sólo only, solely
soltero,-a *m. & f.* single person; *adj.*
   single, unwed
solución *f.* solution
sombra *f.* shadow
sombrero *m.* hat
somníferos *m. pl.* sleeping pills (potions)
son *m.* (older form of **sonido**) sound
sonido *m.* sound
sonreír (i) to smile
sonrisa *f.* smile
soñar to sleep; to dream
soportar to bear, endure
sorprendente surprising
sorprenderse to be surprised
sorprendido surprised
sospechar to suspect
sospechoso,-a *m. & f.* suspect; *adj.*
   suspicious
soya *f.* soybean
suavemente smoothly
suavidad *f.* smoothness, mildness
suavizar to soften; to smooth out
subconsciente *m.* subconscious
subdesarrollado underdeveloped
subir to go up
súbito sudden
subjuntivo *m.* subjunctive (grammatical
   mood of verbs)
subrayar to underline
subsidio *m.* subsidy; — **de paro**
   unemployment compensation
substituir to replace
substituto *m.* substitute

subterráneo underground
suburbio *m.* outlying slum
suceder to happen
suciedad *f.* dirt, dirtiness
sucio dirty
Sudamérica *f.* South America
Suecia *f.* Sweden
sueldo *m.* salary
suelo *m.* ground; floor
sueño *m.* dream; sleep; **tener** — to be
   sleepy
suerte *f.* luck
suficiente sufficient
sufrimiento *m.* suffering
sufrir to suffer
suicidarse to commit suicide
suicidio *m.* suicide
sujeto *m.* subject
sumamente extremely
superar to overcome; to surpass
superioridad *f.* superiority
supermercado *m.* supermarket
suponer to suppose; to imply
supremo supreme
supuesto: por — of course
surrealista surrealist
suspirar to sigh
sustantivo *m.* noun
susto *m.* scare, fright
susurro *m.* whisper
sutil subtle

T

tabla *f.* board
taco *m.* rolled corn tortilla, served in
   Mexican dishes
tal such; such a; **de** — **manera** in such a
   way
tal vez perhaps, maybe
tamaño *m.* size
también also, too
tambor *m.* drum
tampoco neither, not either
tan so; —... **como** as . . . as
tanque *m.* tank
tanto so much; —**s** so many
tardar to spend (an amount of time)
tarde *f.* afternoon; evening; **de (por)**
   la — in the afternoon or evening; *adv.*
   late; **más** — later
tarea *f.* task
tarjeta *f.* card
tatarabuelo,-a *m. & f.* great-great-
   grandparent

tatuaje *m.* tatoo
teatro *m.* theater
técnico,-a *m. & f.* technician; *adj.* technical
tecnología *f.* technology
tecnológico technological
techo *m.* ceiling; roof
tejano,-a *m. & f.* Texan
telecomunicaciones *f. pl.* telecommunications
teléfono *m.* telephone
telegrama *m.* telegram
telepatía *f.* telepathy
telescopio *m.* telescope
televidente *m. & f.* viewer, televiewer
televisor *m.* television set
tema *m.* theme
temblor *m.* tremor, shaking
tembloroso shaking, tremulous
temer to fear
temor *m.* fear
templo *m.* temple
temporal temporary
temprano early; **desde muy —** from earliest times
tendencia *f.* tendency
tendido stretched out
tener to have; **— que** + *inf.* to have to + *inf.;* **— 20 años** to be 20 years old; **— cuidado de** to be careful of; **— la culpa** to be guilty; **no — donde ir** not to have anywhere to go; **— razón** to be right
tenis *m.* tennis
tenista *m. & f.* tennis player
teoría *f.* theory
tercer,-o,-a third
tercio *m.* third
terminar to finish, end
termómetro *m.* thermometer
terremoto *m.* earthquake
terreno *m.* land, ground; area
terrestre of the earth; *m. & f.* earthling
terrorífico terrifying
terrorismo *m.* terrorism
terrorista *m. & f.* terrorist
tesoro *m.* treasure
testigo,-a *m. & f.* witness
tianguis *m.* cattle market
tiempo *m.* time; weather; verb tense; **¿Cuanto —...?** How long . . . ?; **perder el —** to waste time; **al mismo —** at the same time; **ya es —** now is the time; **los primeros —s** early times; **en —s antiguos** in ancient times; **a —** in (on) time; **a — parcial** part time; **a —**

completo full time; **hace buen —** the weather is fine
tienda *f.* store
tierra *f.* earth
timbre *m.* stamp
tímido timid, shy
tío,-a *m. & f.* uncle, aunt; **tia abuela** great-aunt
típico typical
tipo *m.* type
tirar to throw
tiro *m.* throw; shot (from a gun)
título *m.* title; degree
toalla *f.* towel
tocar to play (music); to touch
todavía still; yet; **— no** not yet
todo all; whole; everything; **—s** everybody; **— el mundo** everyone
tolerancia *f.* tolerance
tolerante tolerant
tolerar to tolerate
tomar to take; to get; to have (a meal); **—(se) el trabajo de** to take the trouble to; **— una decisión** to make a decision; **— un examen** to give a test
tono *m.* tone
topar (con) to bump (into)
torear to fight (bulls)
torero *m.* bullfighter
tormenta *f.* storm
toro *m.* bull; **corrida de —s** bullfight
torpe dull, awkward
torre *f.* tower
tortilla *f.* flat cornmeal bread made in Mexico
tortuga *f.* turtle
tortura *f.* torture
torturar to torture
totalidad *f.* totality
totalitario totalitarian
trabajador,-a *m. & f.* worker
trabajar to work
trabajo *m.* work, job
tradición *f.* tradition
tradicional traditional
traducción *f.* translation
traduzca (formal command of **traducir**) translate
traer to bring
traición *f.* treason
traje *m.* suit; costume; **— de baño** bathing suit
tranquilidad *f.* tranquility
tranquilo tranquil, calm
transformación *f.* transformation; change